महाविद्या तंत्र डिकोडेड

ब्रह्मांड के 10 सर्वोच्च नियम और उनकी गुप्त साधना

एक ऐसी प्रामाणिक साधना विधि जिसे अब तक गुप्त रखा गया था

प्रस्तावना

जब हम 'तंत्र' या 'महाविद्या' शब्द सुनते हैं, तो अक्सर सामान्य जनमानस में रहस्य, भय या केवल जटिल कर्मकांडों की एक तस्वीर उभरती है। सदियों से तंत्र को अज्ञानता और भ्रांतियों के आवरण में छिपा कर रखा गया है। लेकिन सत्य इससे कहीं अधिक गहरा, सटीक और पूर्णतः वैज्ञानिक है।

एक इंजीनियर होने के नाते, मेरा मस्तिष्क हमेशा चीजों की जड़ तक जाने, उनके 'सोर्स कोड' (Source Code) को खोजने और किसी भी प्रणाली की कार्यविधि (Mechanics) को डिकोड करने का आदी रहा है। बी.टेक की शिक्षा और तार्किक दृष्टिकोण ने मुझे हर उस चीज़ पर सवाल उठाना सिखाया जो बिना प्रमाण के स्वीकार कर ली जाती है। इसी विश्लेषणात्मक दृष्टिकोण और एक साधक की अगाध जिज्ञासा ने मुझे तंत्र के उस वास्तविक सत्य तक पहुँचाया, जहाँ विज्ञान और अध्यात्म एक हो जाते हैं। 'आध्यात्मिक इंजीनियरिंग' (Spiritual Mechanics) के इसी चश्मे से जब मैंने आगम शास्त्रों का अध्ययन किया, तो एक बिल्कुल नया आयाम खुल गया।

'महाविद्या तंत्र डिकोडेड' कोई सामान्य धार्मिक या कर्मकांडीय पुस्तक नहीं है। यह मेरे उस गहन शोध, स्वाध्याय और साधना का निचोड़ है जहाँ इंजीनियरिंग के सिद्धांत और ब्रह्मांडीय ऊर्जाओं (Cosmic Frequencies) का मिलन होता है।

अपनी आध्यात्मिक लेखन यात्रा के दौरान मुझे यह स्पष्ट अनुभव हुआ कि तंत्र के दस सर्वोच्च स्वरूप–जिन्हें हम दस महाविद्याओं के रूप में पूजते हैं–वे केवल पौराणिक देवियाँ नहीं हैं। वे इस संपूर्ण ब्रह्मांड को जन्म देने, संचालित करने और समेटने वाले दस मूलभूत भौतिक और क्वांटम नियम (Fundamental Cosmic Laws) हैं।

महाकाली यदि समय (Time) और एन्ट्रापी (Entropy) का परम विज्ञान हैं, तो माँ छिन्नमस्ता कुंडलिनी के इलेक्ट्रिकल सर्किट (Electrical Circuit) की ऊर्जा हैं।

माँ तारा यदि ध्वनि तरंगों (Sound Frequencies) और ब्रह्मांडीय शून्यता में नेविगेशन का रहस्य हैं, तो माँ त्रिपुर सुंदरी सृष्टि के ब्लूप्रिंट और स्वर्णिम अनुपात (Sacred Geometry) का गणित हैं।

इस पुस्तक में मैंने तंत्र के तीन मुख्य स्तंभों–यंत्र, मंत्र और तंत्र–को उनके वैज्ञानिक और तार्किक रूप में प्रस्तुत करने का प्रयास किया है। यंत्र केवल आकृतियां नहीं हैं; वे ब्रह्मांडीय ऊर्जा को आकर्षित करने वाले 'सैक्रेड ज्योमेट्रिक सर्किट' हैं। मंत्र केवल जपने वाले शब्द नहीं हैं; वे विशिष्ट 'फ्रीक्वेंसी' हैं जो साधक की चेतना के स्तर को बदल देती हैं। और तंत्र वह तकनीक है जिससे मानव शरीर (जो स्वयं एक रिसीवर है) इन उच्च ऊर्जाओं को धारण करने के लिए खुद को ट्यून करता है।

हालाँकि, विज्ञान और तर्क अपनी जगह हैं, लेकिन तंत्र में बिना प्रामाणिक विधि के कोई सिद्धि प्राप्त नहीं हो सकती। इसलिए, इस पुस्तक के साधना खंड में मैंने पूरी तरह से प्रामाणिक, शास्त्रोक्त और अछूती विधियों को स्पष्ट किया है–अधिकार, संकल्प, भूत शुद्धि, न्यास प्रक्रिया (जिसे मैं नर्वस सिस्टम की री-वायरिंग मानता हूँ), और सबसे महत्वपूर्ण 'उत्कीलन' तथा 'शापोद्धार', जिन्हें अक्सर गुप्त रखा जाता है या भुला दिया जाता है।

यह पुस्तक उन सभी साधकों, शोधकर्ताओं और जिज्ञासुओं के लिए है जो केवल आँखें मूंदकर अनुसरण नहीं करना चाहते, बल्कि ब्रह्मांड के रहस्यों को तार्किक रूप से समझना और उनका प्रामाणिक अभ्यास करना चाहते हैं।

आशा है कि ब्रह्मांडीय नियमों को समझने और महाविद्याओं की गुप्त साधना का यह मार्ग आपकी आध्यात्मिक यात्रा में एक मील का पत्थर साबित होगा।

- मनोज कुमार रमन

समर्पण

यह पुस्तक उस परमसत्ता, दसों महाविद्याओं के दिव्य स्वरूपों और मेरे परम श्रद्धेय गुरुदेव के श्रीचरणों में समर्पित है, जिनकी असीम कृपा और सूक्ष्म मार्गदर्शन के बिना ब्रह्मांड के इन गूढ़ रहस्यों को समझना और उन्हें लिपिबद्ध करना असंभव था।

साथ ही, यह कृति मेरे पूज्य माता-पिता, श्री सती राम जी और श्रीमती सुदामा देवी जी के श्रीचरणों में एक विनम्र भेंट है। आपके दिए हुए संस्कारों और आशीर्वाद ने ही मुझे जीवन की हर चुनौती को एक 'इंजीनियर' की तरह समझने और एक 'साधक' की तरह पार करने का अदम्य साहस प्रदान किया है।

आभार

कोई भी पुस्तक कभी केवल एक व्यक्ति की एकाकी यात्रा नहीं होती; यह उन सभी ब्रह्मांडीय ऊर्जाओं और पारिवारिक संबंधों का परिणाम होती है जो लेखक को भीतर और बाहर से संबल प्रदान करते हैं। तंत्र और विज्ञान के इस जटिल 'सोर्स कोड' को डिकोड करने की मेरी यह यात्रा भी अपनों के सहयोग के बिना पूर्ण नहीं हो सकती थी।

सबसे पहले, मैं उस परम चेतना और गुरुसत्ता के प्रति नतमस्तक हूँ, जिन्होंने मेरे मस्तिष्क में इन विचारों के बीज बोए और मुझे तंत्र के इस अचूक विज्ञान को समझने की दृष्टि तथा पात्रता प्रदान की।

मैं अपने माता-पिता, श्री सती राम जी और श्रीमती सुदामा देवी जी का हृदय से ऋणी हूँ। आपका निस्वार्थ प्रेम और मौन आशीर्वाद ही मेरी आध्यात्मिक यात्रा का सबसे बड़ा रक्षा कवच रहा है।

मेरी धर्मपत्नी, डॉ. ज्योति रमन, को मेरा विशेष धन्यवाद। एक लेखक और साधक की दुनिया अक्सर बहुत एकांत मांगती है। मेरे शोध, घंटों तक चलने वाले स्वाध्याय और लेखन के दौरान आपके असीम धैर्य, अटूट विश्वास और निरंतर सहयोग के बिना इन गहन विचारों को पुस्तक का रूप देना संभव नहीं था।

मैं अपने भाइयों, राजकुमार रमन और शैलेन्द्र रमन, तथा अपनी बहन सुजीता कुमारी रमन के प्रति गहरा स्नेह और आभार व्यक्त करता हूँ। जीवन के हर मोड़ पर आपका प्रोत्साहन मेरे लिए एक मजबूत आधार स्तंभ रहा है।

मेरे प्यारे बेटे, अच्युतम रमन, को ढेर सारा प्यार और आशीर्वाद। तुम्हारी मासूमियत और मुस्कान ने मुझे हमेशा एक नई ऊर्जा से भर दिया है और जटिल आध्यात्मिक गुत्थियों के बीच जीवन की सहजता का अहसास कराया है।

अंत में, मैं उन सभी गुरुओं, प्राचीन ऋषियों, विद्वानों और आप जैसे जिज्ञासु पाठकों का भी धन्यवाद करता हूँ, जो प्रत्यक्ष या अप्रत्यक्ष रूप से 'आध्यात्मिक इंजीनियरिंग' की इस अनंत यात्रा में मेरे सहयात्री हैं।

- मनोज कुमार रमन

अध्याय 1: महाविद्या रहस्य - क्या हैं ब्रह्मांड के 10 सर्वोच्च नियम?

जब हम ब्रह्मांड की ओर देखते हैं, तो हमें एक असीम शून्य, चमकते हुए तारे, ग्रह और आकाशगंगाएँ दिखाई देती हैं। आधुनिक विज्ञान इसे 'बिग बैंग' (Big Bang), एन्ट्रापी (Entropy), और गुरुत्वाकर्षण (Gravity) जैसे भौतिक नियमों से समझने का प्रयास करता है। वहीं, यदि हम प्राचीन भारतीय वांग्मय–विशेषकर तंत्र शास्त्रों–के पन्ने पलटें, तो हमें इन्हीं जटिल ब्रह्मांडीय नियमों का एक मानवीकृत, सजीव और अत्यंत शक्तिशाली स्वरूप मिलता है–दस महाविद्याएँ।

आम जनमानस के लिए ये दस देवियां हैं, जिनके हाथों में विभिन्न अस्त्र-शस्त्र हैं और जो दुष्टों का संहार करती हैं। लेकिन 'आध्यात्मिक इंजीनियरिंग' (Spiritual Mechanics) के दृष्टिकोण से, यह सत्य का केवल एक अलंकारिक आवरण है। यदि हम इस आवरण (Code) को डिकोड करें, तो हम पाएंगे कि महाविद्याएँ वस्तुतः इस संपूर्ण ब्रह्मांड को जन्म देने, चलाने और अंततः समेट लेने वाले 10 सर्वोच्च क्वांटम और भौतिक नियम (Fundamental Cosmic Laws) हैं।

इस ब्रह्मांड रूपी सुपर-कंप्यूटर को चलाने वाला 'ऑपरेटिंग सिस्टम' इन्हीं दस ऊर्जाओं (Frequencies) पर काम करता है।

ब्रह्मांडीय कार्यप्रणाली (Cosmic Mechanics) और 10 महाविद्याएँ

तंत्र विज्ञान यह मानता है कि 'शिव' वह परम स्थिर बिंदु (Static Consciousness) हैं, जहाँ कोई हलचल नहीं है–यह विशुद्ध शून्य है। लेकिन जब उस शून्य में कंपन (Vibration) होता है, तो 'शक्ति' (Kinetic Energy) का जन्म होता है। यह शक्ति 10 अलग-अलग फ्रीक्वेंसी या 'वेवलेंथ' (Wavelengths) में काम करती है:

1. महाकाली (The Law of Time & Entropy): विज्ञान कहता है कि ब्रह्मांड की एन्ट्रापी (विघटन या अव्यवस्था) लगातार बढ़ रही है और समय एक ही दिशा में आगे बढ़ता है। महाकाली इसी 'समय' (Time) और 'परम विघटन' की ऊर्जा हैं। वे वह ब्लैक होल (Black Hole) हैं जो सब कुछ अपने भीतर निगल लेता है।

2. माँ तारा (The Frequency of Sound & Navigation): अंतरिक्ष एक अथाह महासागर की तरह है, जिसे तंत्र में 'भवसागर' कहा गया है। इस ब्रह्मांडीय शून्यता में नेविगेट करने के लिए ध्वनि (Sound) सबसे बड़ा माध्यम है। तारा 'नाद' (Primordial Sound) की वह फ्रीक्वेंसी हैं, जो इस भवसागर में मार्गदर्शक (Navigator) का कार्य करती हैं।

3. माँ त्रिपुर सुंदरी (The Law of Sacred Geometry & Creation): सृष्टि यादृच्छिक (Random) नहीं है; यह एक अत्यंत सटीक गणितीय अनुपात पर आधारित है, जिसे विज्ञान 'गोल्डन रेशियो' (Golden Ratio - 1.618) या फाइबोनाची सीक्वेंस कहता है। त्रिपुर सुंदरी इसी 'सैक्रेड ज्योमेट्री' और ब्रह्मांडीय ब्लूप्रिंट की सर्वोच्च ऊर्जा हैं। वे सृष्टि का परफेक्शन हैं।

4. माँ भुवनेश्वरी (The Physics of Space & Dimensions): किसी भी वस्तु या ऊर्जा के अस्तित्व में आने के लिए 'स्थान' (Space) की आवश्यकता होती है। भुवनेश्वरी वह ब्रह्मांडीय मैट्रिक्स (Cosmic Matrix)

हैं, जो सभी आयामों (Dimensions) और भौतिक स्थानों को जन्म देती हैं।

5. माँ छिन्नमस्ता (The Electrical Circuit of Kundalini): जब ऊर्जा का प्रवाह एक बंद सर्किट में होता है, तो वह अत्यधिक शक्तिशाली हो जाता है। छिन्नमस्ता वह उच्च-वोल्टेज 'इलेक्ट्रिकल सर्किट' हैं, जो मानव शरीर के भीतर कुंडलिनी ऊर्जा के रूप में प्रवाहित होती हैं। वे उस ऊर्जा का प्रतीक हैं जहाँ अहंकार (सिर) कट जाता है और विशुद्ध ऊर्जा का संचार होता है।

6. माँ भैरवी (Thermodynamics of Spiritual Fire): थर्मोडायनामिक्स के अनुसार, ऊर्जा नष्ट नहीं होती, वह केवल रूप बदलती है। भैरवी 'तपस' और आध्यात्मिक अग्नि (Thermal Energy) हैं। यह वह ऊष्मा है जो विनाश (Destruction) और नव-निर्माण दोनों के लिए आवश्यक है।

7. माँ धूमावती (Antimatter & The Void): ब्रह्मांड में जितना 'मैटर' (Matter) है, उससे कहीं अधिक 'डार्क मैटर' (Dark Matter) या 'एंटीमैटर' (Antimatter) है। धूमावती उसी अंधकार, शून्यता (Void) और ब्रह्मांड की उस अवस्था का विज्ञान हैं जब कुछ भी अस्तित्व में नहीं था, या जब सब कुछ नष्ट हो जाएगा (प्रलय)।

8. माँ बगलामुखी (The Kinetic Energy of Paralysis/Stambhan): विज्ञान में जब दो समान और विपरीत बल एक-दूसरे से टकराते हैं, तो गति शून्य हो जाती है (Static Equilibrium)। बगलामुखी ब्रह्मांडीय ऊर्जा को रोकने, नियंत्रित करने और 'स्तंभन' (Paralysis) करने का विज्ञान हैं।

9. माँ मातंगी (The Resonance of Articulation): मातंगी विचार (Thought) को भौतिक ध्वनि और फिर भौतिक वास्तविकता में9. बदलने वाली 'रेजोनेंस' (Resonance) या गूंज हैं। वे अभिव्यक्ति (Expression) का विज्ञान हैं–कैसे एक सूक्ष्म विचार स्थूल रूप लेता है।

10. माँ कमलात्मिका (The Mechanics of Material Manifestation): क्वांटम संभावनाओं का भौतिक पदार्थ में बदलना। कमला ऊर्जा के पूर्ण

रूप से भौतिक प्रकटीकरण (Material Manifestation) का विज्ञान हैं। वे समृद्धि, गुरुत्वाकर्षण और सृष्टि के मूर्त रूप की चरम सीमा हैं।

सिर्फ दार्शनिक नहीं, एक व्यावहारिक विज्ञान

दस महाविद्याएँ केवल दार्शनिक अवधारणाएँ नहीं हैं। प्राचीन तांत्रिकों और ऋषियों ने यह खोज लिया था कि ब्रह्मांड में जो कुछ भी है (मैक्रोकोज्म), वह सब मानव शरीर (माइक्रोकोज्म) के भीतर भी मौजूद है। हमारा शरीर एक अत्यंत संवेदनशील यंत्र (Receiver) है, जो ध्यान, यंत्र और विशिष्ट ध्वनि तरंगों (मंत्र) के माध्यम से इन 10 ब्रह्मांडीय शक्तियों के साथ ट्यून (Tune) हो सकता है।

जब एक साधक सही विधि (Algorithm) के साथ इन ऊर्जाओं से जुड़ता है, तो वह केवल एक भक्त नहीं रह जाता; वह एक आध्यात्मिक इंजीनियर बन जाता है, जो अपने शरीर और चेतना के सॉफ्टवेयर को अपग्रेड कर रहा होता है।

अगले अध्याय में, हम इसी प्रक्रिया के तीन सबसे महत्वपूर्ण उपकरणों–यंत्र, मंत्र और तंत्र–की यांत्रिकी (Mechanics) को विस्तार से डिकोड करेंगे और समझेंगे कि ये कोई अंधविश्वास नहीं, बल्कि एक उन्नत ब्रह्मांडीय तकनीक (Advanced Cosmic Technology) हैं।

अध्याय 2: तंत्र विज्ञान के तीन स्तंभ - यंत्र (सर्किट), मंत्र (फ्रीक्वेंसी) और तंत्र (रिसीवर)

'तंत्र' शब्द को लेकर समाज में जो सबसे बड़ी भ्रांति है, वह यह है कि इसे जादू-टोना या अंधविश्वास मान लिया गया। लेकिन यदि हम इसकी व्युत्पत्ति को देखें, तो यह संस्कृत की धातु 'तन्' (विस्तार करना) और 'त्र' (उपकरण या रक्षा करना) से बना है। सरल शब्दों में, तंत्र एक प्रणाली (System) या 'प्रौद्योगिकी' (Technology) है, जो मानव चेतना का विस्तार करती है।

एक इंजीनियर के रूप में, जब हम किसी भी संचार प्रणाली (Communication System) या इलेक्ट्रॉनिक डिवाइस को देखते हैं, तो उसमें तीन मुख्य घटक होते हैं: एक हार्डवेयर (रिसीवर), एक सर्किट (मदरबोर्ड), और एक सॉफ्टवेयर (प्रोग्राम या कमांड)। भारतीय ऋषियों ने हजारों साल पहले ब्रह्मांडीय ऊर्जा (Cosmic Energy) को डाउनलोड करने के लिए ठीक इसी सिद्धांत को खोज लिया था।

यह संपूर्ण 'आध्यात्मिक इंजीनियरिंग' तीन मुख्य स्तंभों पर टिकी है: तंत्र, यंत्र और मंत्र।

आइए इन तीनों को एक 'सिस्टम डिज़ाइन' (System Design) के नजरिए से डिकोड करते हैं:

1. तंत्र (The Receiver & Hardware): आपका अपना शरीर

अध्यात्म में 'तंत्र' का अर्थ केवल बाह्य क्रियाएं नहीं है, बल्कि आपका स्वयं का भौतिक और सूक्ष्म शरीर ही वह 'तंत्र' (यंत्र/मशीन) है।

हमारा शरीर ब्रह्मांड का सबसे उन्नत और जटिल 'एंटीना' (Antenna) है। हमारे शरीर में मौजूद 72,000 नाड़ियाँ (Nadis) वास्तव में अत्यंत सूक्ष्म 'वायरिंग' (Wiring) हैं, जिनमें से ऊर्जा प्रवाहित होती है। शरीर के भीतर मौजूद 7 मुख्य चक्र (Chakras) ऊर्जा के 'ट्रांसफॉर्मर' (Transformers) या 'हब' हैं, जो विभिन्न फ्रीक्वेंसी को ग्रहण करते हैं और उसे हमारे नर्वस सिस्टम (Nervous System) के अनुकूल बनाते हैं।

जब एक साधक प्राणायाम, भूत शुद्धि और न्यास (शरीर के विभिन्न अंगों में ऊर्जा की स्थापना) करता है, तो वह वास्तव में अपने इस 'रिसीवर' को साफ़ कर रहा होता है और उसके हार्डवेयर को हाई-वोल्टेज ब्रह्मांडीय ऊर्जा (महाविद्याओं) को झेलने के लिए 'अपग्रेड' कर रहा होता है।

2. यंत्र (The Circuit & Blueprint): ऊर्जा का ज्यामितीय स्वरूप

यंत्र को अक्सर केवल कागज़ या तांबे पर उकेरी गई आकृतियाँ मान लिया जाता है। लेकिन विज्ञान के 'सैक्रेड ज्योमेट्री' (Sacred Geometry) के सिद्धांत के अनुसार, यंत्र ब्रह्मांडीय ऊर्जा का एक सटीक भौतिक ब्लूप्रिंट है।

जिस प्रकार कंप्यूटर या मोबाइल के भीतर एक 'प्रिंटेड सर्किट बोर्ड' (PCB) होता है, जिसमें ऊर्जा के प्रवाह की दिशा निर्धारित होती है, ठीक उसी प्रकार यंत्र ब्रह्मांडीय ऊर्जा को आकर्षित करने, उसे एक जगह केंद्रित करने और प्रवाहित करने वाला 'सर्किट' है।

यंत्र की ज्यामिति में एक निश्चित गणित होता है:

बिंदु (The Dot): यह ऊर्जा का 'सोर्स' या 'सिंगुलैरिटी' (Singularity) है, जहाँ से सब कुछ उत्पन्न होता है।

त्रिकोण (Triangle): यह ऊर्जा की दिशा है (ऊपर की ओर अग्नि/शिव, नीचे की ओर जल/शक्ति)।

वृत्त (Circle): यह ऊर्जा के चक्रीय प्रवाह (Cyclic Flow) का प्रतीक है।

भूपुर (Outer Square with Gates): यह यंत्र का 'फायरवॉल' (Firewall) या सुरक्षा घेरा है, जो बाहरी अवांछित ऊर्जाओं को रोकता है।

जब आप किसी महाविद्या के यंत्र को स्थापित करते हैं, तो आप वास्तव में उस देवी की ऊर्जा (Frequency) के लिए एक 'रिसीविंग स्टेशन' (Receiving Station) या सर्किट तैयार कर रहे होते हैं।

3. मंत्र (The Frequency & Software): ध्वनि तरंगों का विज्ञान

मंत्र केवल प्रार्थना या याचना के शब्द नहीं हैं। मंत्र विशुद्ध रूप से 'ध्वनि विज्ञान' (Cymatics) पर आधारित हैं।

आधुनिक विज्ञान (Cymatics) यह प्रमाणित कर चुका है कि विशिष्ट ध्वनि तरंगें (Sound Frequencies) भौतिक पदार्थ (जैसे रेत या पानी) की संरचना को बदलकर एक सटीक ज्यामितीय आकार दे सकती हैं। ब्रह्मांड मूल रूप से कंपन (Vibration) है। हर महाविद्या एक विशिष्ट 'वेवलेंथ' (Wavelength) पर कंपन कर रही है।

मंत्र वह 'सॉफ्टवेयर कोड' या 'पासवर्ड' है, जो उस विशिष्ट वेवलेंथ से मेल खाता है। जब एक साधक सही उच्चारण (Pitch and Rhythm) के साथ मंत्र का जाप करता है, तो वह अपने शरीर (रिसीवर) से एक ध्वनि तरंग उत्पन्न करता है। जब यह ध्वनि तरंग (मंत्र) ब्रह्मांड में मौजूद उस देवी की वेवलेंथ से 'रेजोनेंस' (Resonance - अनुनाद) स्थापित कर लेती है, तो कनेक्शन जुड़ जाता है।

तीनों का समन्वय: 'सिस्टम बूट' की प्रक्रिया (The Synchronization)

जब इन तीनों को एक साथ मिलाया जाता है, तो जादू नहीं, बल्कि विशुद्ध विज्ञान घटित होता है:

साधक अपने शरीर और मन (तंत्र/Hardware) को शुद्ध करके तैयार करता है।

वह एक विशिष्ट ज्यामितीय सर्किट (यंत्र/Motherboard) को स्थापित करता है।

और फिर वह एक सटीक ध्वनि तरंग (मंत्र/Software Command) का उच्चारण करता है।

जब सॉफ्टवेयर (मंत्र), सही मदरबोर्ड (यंत्र) के माध्यम से, अपग्रेडेड हार्डवेयर (तंत्र) पर रन करता है, तो ऊर्जा का सीधा अवतरण होता है। तांत्रिक भाषा में इसी 'सिस्टम सिंक्रोनाइजेशन' (System Synchronization) को 'सिद्धि' कहा जाता है।

अब जब हमने 'आध्यात्मिक इंजीनियरिंग' के इन मूलभूत उपकरणों (Tools) को समझ लिया है, तो हम इस ब्रह्मांड के सबसे रहस्यमयी और शक्तिशाली ऑपरेटिंग सिस्टम–समय और एन्ट्रापी के परम विज्ञान–को डिकोड करने के लिए तैयार हैं।

अगले अध्याय में, हम महाविद्याओं की प्रथम और सर्वोच्च शक्ति, महाकाली, के विज्ञान और उनकी प्रामाणिक साधना विधि में प्रवेश करेंगे।

अध्याय 3: महाकाली - समय (Time) और एन्ट्रापी (Entropy) का परम विज्ञान

आधुनिक भौतिक विज्ञान (Physics) का दूसरा ऊष्मागतिकी नियम (Second Law of Thermodynamics) कहता है कि ब्रह्मांड में हर चीज़ धीरे-धीरे 'एन्ट्रापी' (Entropy) यानी अव्यवस्था और विघटन की ओर बढ़ रही है। जो भी चीज़ पैदा हुई है, उसे एक दिन नष्ट होना है। तारे बुझेंगे, आकाशगंगाएं ढहेंगी, और एक दिन सब कुछ एक महाशून्य (Void) में विलीन हो जाएगा। इस पूरी प्रक्रिया को जो अदृश्य बल चला रहा है, उसे हम 'समय' (Time) कहते हैं।

तंत्र विज्ञान में, ब्रह्मांड के इसी सबसे कठोर, सबसे शक्तिशाली और परम सत्य (Ultimate Truth) को 'महाकाली' कहा गया है।

काली शब्द 'काल' से बना है, जिसका अर्थ है समय। जब एक साधक महाकाली की साधना करता है, तो वह वास्तव में ब्रह्मांड के सबसे 'हाई-वोल्टेज' नियम के साथ खुद को सिंक (Sync) कर रहा होता है–वह नियम जो यह सिखाता है कि सत्य केवल शून्यता है और मृत्यु (अहंकार का नाश) ही परम स्वतंत्रता है।

महाकाली के स्वरूप की डिकोडिंग (The Visual Blueprint)

शास्त्रों में वर्णित महाकाली का डरावना स्वरूप वास्तव में अज्ञानियों को डराने और ज्ञानियों को ब्रह्मांड का सबसे गहरा रहस्य समझाने के लिए डिज़ाइन किया गया एक कोड है:

कृष्ण वर्ण (रंगहीनता): विज्ञान कहता है कि ब्लैक होल (Black Hole) वह जगह है जहाँ गुरुत्वाकर्षण इतना अधिक होता है कि प्रकाश (Light) भी बाहर नहीं निकल सकता; वह सब कुछ सोख लेता है। महाकाली का काला रंग किसी त्वचा का रंग नहीं है, यह ब्रह्मांडीय ब्लैक होल का प्रतीक है। वे वह शून्यता हैं जो सारे रंगों (ऊर्जाओं) को अपने भीतर सोख लेती हैं।

दिगम्बरी (वस्त्रहीन): वस्त्र सीमा (Limitation) का प्रतीक हैं। जो ऊर्जा स्वयं 'स्पेस' (Space) और 'टाइम' (Time) से परे है, उसे किसी भौतिक सीमा में नहीं बांधा जा सकता।

मुंडमाला (50 खोपड़ियों की माला): यह कोई हिंसक प्रतीक नहीं है। संस्कृत वर्णमाला में 50 अक्षर होते हैं, जिनसे सारे शब्द, विचार और माया (Illusion) का निर्माण होता है। महाकाली विचारों के शोर को काटकर परम मौन (Absolute Silence) स्थापित करती हैं।

शिव के सीने पर पैर: तंत्र में 'शिव' स्थिर चेतना (Static Consciousness - Zero) हैं और 'काली' गतिज ऊर्जा (Kinetic Energy - One) हैं। ऊर्जा (काली) के बिना, चेतना (शिव) निष्क्रिय यानी 'शव' के समान है।

महाकाली साधना विधि: प्रामाणिक और वैज्ञानिक प्रक्रिया

महाकाली की ऊर्जा ब्रह्मांड का सबसे शक्तिशाली 'करंट' है। जैसे घर में हाई-वोल्टेज की लाइन को सीधे इस्तेमाल करने पर शॉर्ट-सर्किट हो सकता है, वैसे ही बिना सही 'प्रोटोकॉल' के इस ऊर्जा को धारण करने से मानसिक अस्थिरता आ सकती है। इसलिए यह साधना दृढ़ संकल्प और गुरु के मानसिक या सूक्ष्म आशीर्वाद के साथ ही करनी चाहिए।

यहाँ दक्षिण काली (काली का वह स्वरूप जो मोक्ष और भोग दोनों देता है) की एक प्रामाणिक विधि प्रस्तुत है:

1. अधिकार और संकल्प (Setting the Intent)

साधना से पूर्व शरीर और मन की शुद्धि (स्नान आदि) करें। काले या लाल आसन पर दक्षिण दिशा की ओर मुख करके बैठें। संकल्प का अर्थ है अपने अवचेतन मन (Subconscious Mind) को एक 'कमांड' देना कि यह ऊर्जा (साधना) किस उद्देश्य से प्रवाहित की जा रही है।

2. विनियोग (Targeting the Cosmic IP Address)

विनियोग वह प्रक्रिया है जिसमें हम यह सुनिश्चित करते हैं कि हम इस विशिष्ट मंत्र (फ्रीक्वेंसी) को किसने खोजा, इसका मीटर (छंद) क्या है, और हम इसे किस देवता (सर्वर) तक भेज रहे हैं। हाथ में जल लेकर पढ़ें:

ॐ अस्य श्री दक्षिणकाली मन्त्रस्य भैरव ऋषिः, उष्णिक् छन्दः, दक्षिणकालिका देवता, ह्रीं बीजम्, हूँ शक्तिः, क्रीं कीलकम्, मम सर्वाभीष्ट सिद्ध्यर्थे जपे विनियोगः। (जल ज़मीन पर छोड़ दें)

3. कर-हृदय न्यास (Nervous System Rewiring)

अपने शरीर के विभिन्न ऊर्जा केंद्रों (Chakras/Nerve nodes) को ब्रह्मांडीय आवृत्तियों के साथ ट्यून करने के लिए उंगलियों और अंगों को विशिष्ट बीजों के साथ स्पर्श करें:

कर न्यास (हाथों की वायरिंग):

ॐ क्रां - अंगुष्ठाभ्यां नमः (दोनों अंगूठों को स्पर्श करें)

ॐ क्रीं - तर्जनीभ्यां नमः (तर्जनी उंगलियों को स्पर्श करें)

ॐ क्रूं - मध्यमाभ्यां नमः (मध्यमा उंगलियों को)

ॐ क्रैं - अनामिकाभ्यां नमः (अनामिका को)

ॐ क्रौं - कनिष्ठिकाभ्यां नमः (छोटी उंगली को)

ॐ क्रः - करतल करपृष्ठाभ्यां नमः (हथेलियों के आगे-पीछे)

(यही प्रक्रिया शरीर के अंगों (हृदय, सिर, शिखा, कवच और नेत्र) के लिए 'हृदयादि न्यास' के रूप में दोहराई जाती है, जिससे शरीर एक अभेद्य ऊर्जा-कवच बन जाता है।)

4. ध्यान (The Mental Synchronization)

अब आंखें बंद करके अपने 'आज्ञा चक्र' (Third Eye) पर महाकाली के स्वरूप का एक स्पष्ट होलोग्राम (Hologram) बनाएं।

शवारूढां महाभीमां घोरदंष्ट्रां हसन्मुखीम्।

चतुर्भुजां खड्गमुण्डवराभयकरां शिवाम्॥

(अर्थ: जो शव पर आरूढ़ हैं, भयंकर लेकिन मुस्कुराती हुई हैं, जिनके चार हाथों में खड्ग, मुंड, वर और अभय मुद्रा है, उन शिव स्वरूपा का मैं ध्यान करता हूँ।)

5. मूल मंत्र (The Ultimate Frequency)

रुद्राक्ष की माला पर इस बीज मंत्र का पूर्ण एकाग्रता और 'रेजोनेंस' के साथ जाप करें। 'क्रीं' (Kreem) काली का मूल 'सोर्स कोड' है।

क = काल (समय), र = ब्रह्म (अग्नि/तेज), ई = महामाया, अनुस्वार (बिंदु) = दुःख हरण।

दक्षिण काली का 22 अक्षरी प्रामाणिक मंत्र:

॥ ॐ क्रीं क्रीं क्रीं हूँ हूँ ह्रीं ह्रीं दक्षिणे कालिके क्रीं क्रीं क्रीं हूँ हूँ ह्रीं ह्रीं स्वाहा ॥

6. यंत्र (The Circuit Board)

काली यंत्र, जिसमें नीचे की ओर इशारा करते हुए पाँच त्रिकोण (Inverted Triangles) होते हैं, वह भौतिक 'मदरबोर्ड' है जिस पर यह ऊर्जा अवतरित होती है। यंत्र को भोजपत्र या तांबे पर बनाकर, उसके केंद्र (बिंदु) में ध्यान केंद्रित करते हुए मंत्र का जाप करने से 'सिग्नल' कई गुना मजबूत हो जाता है।

साधक के जीवन में इसका प्रभाव (The Output):

जब कोई साधक महाकाली की इस फ्रीक्वेंसी को डिकोड कर लेता है, तो उसके भीतर से सबसे पहले 'मृत्यु का भय' (Fear of Death) और 'समय का तनाव' (Anxiety of Time/Future) हमेशा के लिए समाप्त हो जाता है। क्योंकि जो समय के उद्गम को जान लेता है, उसे समय की धारा डरा नहीं सकती। उसका अहंकार कट जाता है और वह पूर्ण स्वतंत्रता (Liberation) का अनुभव करता है।

अगले अध्याय में, हम ब्रह्मांड के उस रहस्यमयी 'भवसागर' में उतरेंगे, जहाँ प्रकाश नहीं, बल्कि केवल 'ध्वनि तरंगें' (Sound Frequencies) ही नेविगेशन का एकमात्र साधन हैं–हम डिकोड करेंगे दूसरी महाविद्या, माँ तारा के विज्ञान को।

अध्याय 4: माँ तारा - ध्वनि तरंगों (Sound Frequencies) और ब्रह्मांडीय शून्यता में नेविगेशन का विज्ञान

जब हम अंतरिक्ष के अथाह विस्तार (Cosmic Void) को देखते हैं, तो वह हमें पूर्णतः शांत और निस्तब्ध लगता है। लेकिन आधुनिक एस्ट्रोफिजिक्स (Astrophysics) और 'कॉस्मिक माइक्रोवेव बैकग्राउंड' (CMB) रेडिएशन का अध्ययन हमें बताता है कि यह ब्रह्मांड शांत नहीं है; इसमें बिग बैंग (Big Bang) के समय से ही एक निरंतर गूंज (Primordial Hum) व्याप्त है।

प्राचीन तंत्र विज्ञान में, इस अथाह और अंधकारमय ब्रह्मांडीय महासागर को 'भवसागर' कहा गया है, और इस भवसागर में गूंजने वाली वह प्रथम ध्वनि तरंग (First Acoustic Wave) या 'नाद' ही 'माँ तारा' हैं।

'तारा' का शाब्दिक अर्थ है–'तारने वाली' या 'पार लगाने वाली' (The one who helps navigate across)। जब कोई जहाज़ अनंत महासागर में खो जाता है, तो उसे दिशा खोजने के लिए सोनार (SONAR) या विशिष्ट ध्वनि तरंगों की आवश्यकता होती है। ठीक इसी प्रकार, जब एक साधक जीवन या आध्यात्मिक शून्यता के अंधकार में भटक जाता है, तो माँ तारा वह सर्वोच्च 'ध्वनि आवृत्ति' (Sonic Frequency) हैं, जो उसे सही दिशा में नेविगेट करती हैं।

वे महाकाली की ही ऊर्जा का अगला चरण हैं। महाकाली यदि समय का परम शून्य हैं, तो माँ तारा उस शून्य में उत्पन्न होने वाली पहली ध्वनि (Light/Sound/Vibration) हैं। इसलिए तारा को 'नील सरस्वती' (नाद और ज्ञान की देवी) भी कहा जाता है।

माँ तारा के स्वरूप की डिकोडिंग (The Visual Blueprint)

माँ तारा का प्रतीकात्मक स्वरूप अत्यंत रहस्यमयी है। आध्यात्मिक इंजीनियरिंग के नज़रिए से इसे इस प्रकार डिकोड किया जा सकता है:

नीला वर्ण (Blue Hue): विज्ञान में प्रकाश का प्रकीर्णन (Scattering of Light) और गहरे महासागरों का रंग नीला होता है। नीला रंग असीम गहराई (Infinite Depth) और ब्रह्मांडीय शून्यता का सूचक है।

प्रत्यालीढ़ मुद्रा (सफेद कमल या शव पर पैर): वे एक जलमग्न शव पर खड़ी हैं। जल 'भवसागर' (Cosmic Ocean) का प्रतीक है। शव वह

चेतना (अहंकार) है जो अक्रिय हो चुकी है। तारा उस अक्रिय चेतना को ध्वनि की ऊर्जा से जाग्रत करती हैं।

हाथ में कैंची (कर्तरी): कैंची कोई युद्ध का अस्त्र नहीं है। यह 'कर्म के लूप' (Karmic Loops) और अज्ञानता की तारों को काटने का एक सटीक उपकरण (Precision Tool) है।

अक्षोभ्य शिव (सिर पर विराजमान): माँ तारा के मस्तक पर शिव का 'अक्षोभ्य' स्वरूप विराजमान है। अक्षोभ्य का अर्थ है–जिसे क्षुब्ध न किया जा सके (Unshakable Consciousness)। यह दर्शाता है कि ध्वनि और ऊर्जा का यह प्रचंड स्वरूप पूरी तरह से स्थिर और अचल चेतना के नियंत्रण में है।

माँ तारा साधना विधि: प्रामाणिक और ध्वन्यात्मक प्रक्रिया

चूँकि माँ तारा नाद (ध्वनि) की अधिष्ठात्री हैं, इसलिए इनकी साधना में 'मंत्र के उच्चारण' (Pitch, Rhythm, and Resonance) का महत्व सबसे अधिक होता है। यदि फ्रीक्वेंसी सही ट्यून हो जाए, तो वाक-सिद्धि (बोली गई बात का सच हो जाना) और असीम ज्ञान प्राप्त होता है।

यहाँ उग्र तारा (नील सरस्वती) की अत्यंत शक्तिशाली और प्रामाणिक विधि दी जा रही है:

1. अधिकार और संकल्प (Setting the Intent)

यह साधना रात्रि के समय, नीले या गुलाबी आसन पर, उत्तर दिशा की ओर मुख करके की जाती है। संकल्प लें कि आप अपनी चेतना के अंधकार को दूर करने और वाक-शक्ति को जाग्रत करने के लिए इस ब्रह्मांडीय नाद (तारा) से जुड़ रहे हैं।

2. विनियोग (Targeting the Cosmic IP Address)

दायें हाथ में जल लेकर इस विशिष्ट ऊर्जा-प्रवाह को निर्देशित करें:

ॐ अस्य श्री तारा मन्त्रस्य अक्षोभ्य ऋषिः, बृहती छन्दः, तारिणी देवता, ह्रीं बीजम्, हूँ शक्तिः, स्त्रीं कीलकम्, मम सर्वाभीष्ट सिद्ध्यर्थे जपे विनियोगः। (जल ज़मीन पर छोड़ दें)

3. कर-हृदय न्यास (Acoustic Rewiring of the Body)

अपने शरीर के नाड़ी-तंत्र में तारा की ध्वनि तरंगों को स्थापित करने के लिए:

कर न्यास:

ॐ ह्रां - अंगुष्ठाभ्यां नमः

ॐ ह्रीं - तर्जनीभ्यां नमः

ॐ ह्रूं - मध्यमाभ्यां नमः

ॐ ह्रैं - अनामिकाभ्यां नमः

ॐ ह्रौं - कनिष्ठिकाभ्यां नमः

ॐ ह्रः - करतल करपृष्ठाभ्यां नमः

(इसी प्रकार ॐ ह्रां हृदयाय नमः, ॐ ह्रीं शिरसे स्वाहा... इत्यादि के माध्यम से शरीर के मुख्य केंद्रों पर ऊर्जा स्थापित करें।)

4. ध्यान (The Mental Synchronization)

अपने आज्ञा चक्र में नीले महासागर के बीच खिले कमल पर विराजमान माँ तारा का मानसिक चित्र उकेरें।

प्रत्यालीढपदार्पिताङ्घ्रिशवहृद्घोराट्टहासा परा।

खड्गेन्दीवरकर्त्रिखर्परभुजा हुङ्कारबीजोद्भवा॥

खर्वा नीलविशालपिङ्गलजटाजूटैकनागैर्युता।

जाड्यं न्यस्य कपालके त्रिजगतां हन्त्युग्रतारा स्वयम्॥

5. मूल मंत्र (The Ultimate Sonic Frequency)

रुद्राक्ष या स्फटिक की माला पर इस अत्यंत तीव्र 'सोर्स कोड' का जाप करें। इस मंत्र के उच्चारण में 'रेजोनेंस' महसूस होनी चाहिए, जैसे यह ध्वनि शरीर के भीतर गूंज रही हो।

उग्र तारा प्रामाणिक बीज मंत्र:

॥ ॐ ह्रीं स्त्रीं हूँ फट् ॥

(ह्रीं = माया/ब्रह्मांडीय ऊर्जा, स्त्रीं = वधु बीज/रक्षा और ज्ञान, हूँ = क्रोध/बाधाओं का नाश, फट् = तत्काल भेदन/क्वांटम जंप)

6. यंत्र (The Circuit Board)

तारा यंत्र मुख्य रूप से अष्टदल कमल और त्रिकोणों का एक विशिष्ट ज्यामितीय विन्यास है। इसे भोजपत्र पर अष्टगंध या गोरोचन से बनाकर, उसके मध्य में त्राटक (एकटक देखना) करते हुए इस मंत्र का जाप आपके शरीर (रिसीवर) की कैपेसिटी को कई गुना बढ़ा देता है।

साधक के जीवन में इसका प्रभाव (The Output):

जब साधक तारा की इस 'सोनिक फ्रीक्वेंसी' को मास्टर कर लेता है, तो उसे 'वाक-सिद्धि' प्राप्त होती है–उसकी कही हुई बात प्रकृति का नियम बन जाती है (Articulation becomes Manifestation)। मस्तिष्क का वह हिस्सा जो भाषा, तर्क और ज्ञान को प्रोसेस करता है, वह उच्चतम स्तर पर 'ओवरक्लॉक' (Overclock) हो जाता है। साधक जीवन की किसी भी उलझन, संकट या अज्ञानता के 'भवसागर' में कभी नहीं डूबता, क्योंकि उसके पास ब्रह्मांड का सबसे सटीक 'नेविगेशन सिस्टम' आ चुका होता है।

अगले अध्याय में, हम ब्रह्मांड के उस ब्लूप्रिंट और गणितीय परफेक्शन (Mathematical Perfection) को डिकोड करेंगे, जिस पर यह पूरी सृष्टि रची गई है। हम प्रवेश करेंगे सैक्रेड ज्योमेट्री (Sacred Geometry) की सर्वोच्च ऊर्जा–माँ त्रिपुर सुंदरी (षोडशी) के विज्ञान में।

अध्याय 5: माँ त्रिपुर सुंदरी - सृष्टि का ब्लूप्रिंट और स्वर्णिम अनुपात (Sacred Geometry)

यदि आप एक सूक्ष्मदर्शी (Microscope) से एक बर्फ के टुकड़े (Snowflake) को देखें, या एक टेलिस्कोप से किसी आकाशगंगा (Galaxy) की सर्पिल भुजाओं (Spiral Arms) को निहारें, तो आपको एक अचूक गणितीय समानता दिखाई देगी। यह ब्रह्मांड यादृच्छिक (Random) या अव्यवस्थित नहीं है। इसके हर कण, हर पत्ते और हर ग्रह के निर्माण में एक सटीक ज्यामितीय अनुपात काम कर रहा है, जिसे विज्ञान 'स्वर्णिम अनुपात' (Golden Ratio - 1.618) या फाइबोनाची सीक्केंस (Fibonacci Sequence) कहता है।

तंत्र विज्ञान में, सृष्टि के इसी परम सौंदर्य, गणितीय परफेक्शन (Mathematical Perfection) और ब्रह्मांडीय ब्लूप्रिंट को 'माँ त्रिपुर सुंदरी' या 'षोडशी' कहा गया है।

'त्रिपुर' का अर्थ है तीन आयाम या तीन लोक (Physical, Astral, and Causal planes), और 'सुंदरी' का अर्थ है परफेक्शन या पूर्णता। जब ब्रह्मांडीय शून्यता (महाकाली) में ध्वनि (माँ तारा) उत्पन्न हुई, तो उस ध्वनि ने भौतिक रूप लेने के लिए एक ज्यामितीय आकार (Geometry) ग्रहण किया। वह पहली और सबसे परिपूर्ण ज्यामिति (Sacred Geometry) ही त्रिपुर सुंदरी हैं। वे इस ब्रह्मांड की सबसे बड़ी 'आर्किटेक्ट' (Architect) हैं।

माँ त्रिपुर सुंदरी के स्वरूप की डिकोडिंग (The Visual Blueprint)

इनका स्वरूप अत्यंत मनमोहक है, लेकिन इसके पीछे की आध्यात्मिक इंजीनियरिंग (Spiritual Mechanics) बेहद सटीक है:

बाल सूर्य के समान लाल वर्ण (Crimson/Red Hue): लाल रंग सृष्टि की उत्पत्ति, विस्तार (Red Shift of the expanding universe) और सक्रिय ऊर्जा (Kinetic Energy) का प्रतीक है।

गन्ने का धनुष और 5 फूलों के बाण: गन्ना (Sugarcane) मानव के मन (Mind) का प्रतीक है। पांच फूल हमारी पांच इंद्रियों (Senses) की

फ्रीक्वेंसी हैं। त्रिपुर सुंदरी सिखाती हैं कि ब्रह्मांड की सबसे बड़ी शक्ति आपके मन का धनुष और आपकी इंद्रियों का अचूक निशाना है।

पाश (Noose) और अंकुश (Goad): पाश आकर्षण (Gravity/Attachment) का विज्ञान है, जो चीजों को बांधता है। अंकुश नियंत्रण (Control) का उपकरण है, जो ऊर्जा को सही दिशा में संचालित करता है।

पंच-प्रेतासन (Throne of 5 Corpses): माँ जिस सिंहासन पर विराजमान हैं, उसके चार पाए ब्रह्मा, विष्णु, रुद्र और ईश्वर हैं, और उसके ऊपर सदाशिव लेटे हैं। इसका वैज्ञानिक अर्थ यह है कि सृष्टि के पाँचों मूलभूत कार्य (Creation, Maintenance, Destruction, Concealment, and Grace) त्रिपुर सुंदरी की 'ऑपरेटिंग एनर्जी' के बिना मृत (प्रेत) के समान हैं। वे ही इन सबका 'पावर सोर्स' हैं।

त्रिपुर सुंदरी (षोडशी) साधना विधि: प्रामाणिक और ज्यामितीय प्रक्रिया

यह तंत्र की सबसे सौम्य, लेकिन सबसे जटिल साधनाओं में से एक है। इसे 'श्री विद्या' (Sri Vidya) भी कहा जाता है। यह साधना साधक के शरीर और मस्तिष्क के 'वायरिंग' को सीधे ब्रह्मांडीय ब्लूप्रिंट के साथ अलाइन (Align) कर देती है।

1. अधिकार और संकल्प (Setting the Intent)

यह साधना प्रातः काल, लाल या रेशमी आसन पर, पूर्व या उत्तर दिशा की ओर मुख करके की जाती है। संकल्प लें कि आप सृष्टि के परफेक्शन (सौंदर्य, समृद्धि और आध्यात्मिक पूर्णता) को अपने जीवन के 'सर्किट' में प्रवाहित करने के लिए यह साधना कर रहे हैं।

2. विनियोग (Targeting the Cosmic IP Address)

दायें हाथ में जल लेकर ऊर्जा का संधान करें:

ॐ अस्य श्री पञ्चदशी मन्त्रस्य दक्षिणामूर्ति ऋषिः, पङ्क्ति छन्दः, श्री महात्रिपुरसुन्दरी देवता, ऐं बीजम्, सौः शक्तिः, क्लीं कीलकम्, मम सर्वाभीष्ट सिद्ध्यर्थे जपे विनियोगः। (जल ज़मीन पर छोड़ दें)

3. कर-हृदय न्यास (Geometric Rewiring of the Body)

अपने शरीर को 'श्री यंत्र' के ज्यामितीय आकार में ढालने की प्रक्रिया:

कर न्यास:

ॐ ऐं - अंगुष्ठाभ्यां नमः

ॐ क्लीं - तर्जनीभ्यां नमः

ॐ सौः - मध्यमाभ्यां नमः

ॐ ऐं - अनामिकाभ्यां नमः

ॐ क्लीं - कनिष्ठिकाभ्यां नमः

ॐ सौः - करतल करपृष्ठाभ्यां नमः

(हृदय, सिर आदि के लिए भी इन्हीं बीजों से हृदयादि न्यास करें।)

4. ध्यान (The Mental Synchronization)

अपने आज्ञा चक्र में लाल सूर्य की आभा वाली, चार भुजाओं में गन्ने का धनुष, पुष्प बाण, पाश और अंकुश धारण की हुई माँ त्रिपुर सुंदरी का मानसिक होलोग्राम (Hologram) स्थापित करें।

बालार्कायुतभासां चतुरबाहुं त्रिलोचनाम्।

पाशांकुशशराचापान् धारयन्तीं शिवां भजे॥

5. मूल मंत्र (The Ultimate Source Code of Creation)

श्री विद्या का मूल 'सोर्स कोड' अत्यंत गुप्त माना जाता है, जिसे 'पंचदशी' (15 अक्षरों वाला मंत्र) कहते हैं। इसे रुद्राक्ष, स्फटिक या कमलगट्टे की माला पर जपा जाता है। इस मंत्र का हर अक्षर ब्रह्मांड के एक विशिष्ट आयाम को खोलता है।

श्री विद्या पञ्चदशी मंत्र:

॥ क ए ई ल ह्रीं - ह स क ह ल ह्रीं - स क ल ह्रीं ॥

(यह मंत्र तीन खंडों में है: वाग्भव कूट (ज्ञान/सिर), कामराज कूट (इच्छा/हृदय), और शक्ति कूट (क्रिया/निचला शरीर)।)

6. यंत्र (The Ultimate Circuit Board - Sri Yantra)

त्रिपुर सुंदरी का 'मदरबोर्ड' विश्वविख्यात 'श्री यंत्र' (Sri Chakra) है। यह 9 इंटरलॉकिंग त्रिकोणों (4 ऊपर शिव, 5 नीचे शक्ति) से बना सैक्रेड ज्योमेट्री का सबसे परिष्कृत रूप है। जब श्री यंत्र को स्थापित करके उसके केंद्र (बिंदु) पर त्राटक करते हुए पंचदशी मंत्र का जाप किया जाता है, तो साधक का शरीर और ब्रह्मांड का ज्यामितीय क्रम (Cosmic Order) एक फ्रीक्वेंसी पर आ जाते हैं।

साधक के जीवन में इसका प्रभाव (The Output):

जब साधक इस 'ब्लूप्रिंट' के साथ सिंक हो जाता है, तो उसके जीवन से हर प्रकार की 'एन्ट्रापी' (अव्यवस्था और दरिद्रता) समाप्त हो जाती है। उसका जीवन 'स्वर्णिम अनुपात' (Golden Ratio) में आ जाता है। वह जो भी विचार करता है, प्रकृति उसे भौतिक रूप में प्रकट (Manifest) करने के लिए अपनी मशीनरी को काम पर लगा देती है। साधक के व्यक्तित्व में एक असीम आकर्षण (Magnetic Aura) और पूर्णता (Perfection) का वास हो जाता है।

अगले अध्याय में, हम भौतिक स्थानों (Physical Spaces) और आयामों (Dimensions) के विज्ञान को डिकोड करेंगे। हम जानेंगे कि कैसे यह ब्रह्मांडीय मैट्रिक्स अपने भीतर असीम आकाश को समेटे हुए है–हम प्रवेश करेंगे माँ भुवनेश्वरी के अद्भुत 'स्पेस साइंस' (Space Science) में।

अध्याय 6: माँ भुवनेश्वरी - अंतरिक्ष (Space), आयामों (Dimensions) और ब्रह्मांडीय मैट्रिक्स का विज्ञान

आधुनिक भौतिकी (Physics) में एक लंबे समय तक यह माना जाता रहा कि अंतरिक्ष (Space) केवल एक खाली जगह या 'शून्यता' है जहाँ ग्रह और तारे मौजूद हैं। लेकिन अल्बर्ट आइंस्टीन की 'थ्योरी ऑफ रिलेटिविटी' (Theory of Relativity) ने यह साबित कर दिया कि स्पेस खाली नहीं है; यह एक अत्यंत सजीव और लचीला 'फैब्रिक' (Fabric of Spacetime) है, जो गुरुत्वाकर्षण के कारण मुड़ सकता है, खिंच सकता है और जिसमें तरंगे (Gravitational Waves) उठ सकती हैं।

तंत्र विज्ञान में, इस संपूर्ण ब्रह्मांडीय मैट्रिक्स (Cosmic Matrix) और 'स्पेस' (Space) की असीम चेतना को 'माँ भुवनेश्वरी' कहा गया है।

'भुवन' का अर्थ है ब्रह्मांड (Universe) या भौतिक आयाम (Physical Dimensions), और 'ईश्वरी' का अर्थ है उस पर शासन करने वाली सर्वोच्च सत्ता। भुवनेश्वरी वह 'स्पेस' हैं जिसके भीतर पूरी सृष्टि आकार लेती है। यदि महाकाली 'समय' (Time) का परम सत्य हैं, तो माँ भुवनेश्वरी 'स्थान' (Space) का परम सत्य हैं। बिना स्पेस के किसी भी भौतिक या सूक्ष्म वस्तु का कोई अस्तित्व नहीं हो सकता। वे वह 'मदरबोर्ड' हैं जिस पर ब्रह्मांड के सभी ग्रह, गैलेक्सी और आयाम (Dimensions) प्लग-इन (Plug-in) किए गए हैं।

माँ भुवनेश्वरी के स्वरूप की डिकोडिंग (The Visual Blueprint)

इनका स्वरूप अत्यंत विराट और विस्तार (Expansion) को दर्शाने वाला है। आइए इसकी आध्यात्मिक इंजीनियरिंग को डिकोड करें:

उगते हुए सूर्य के समान आभा (Sunrise Hue): उगता हुआ सूर्य अंधकार (शून्यता) को चीरकर प्रकाश (विस्तार) के प्रकट होने का प्रतीक है। यह ब्रह्मांड के लगातार फैलने (Expanding Universe) की ऊर्जा का संकेत है।

चार भुजाएँ (Four Arms/Dimensions): माँ की चार भुजाएँ हमारे भौतिक ब्रह्मांड के चार आयामों (लंबाई, चौड़ाई, गहराई और समय - 4D Spacetime) का प्रतिनिधित्व करती हैं।

पाश (Noose) और अंकुश (Goad): अंतरिक्ष में ग्रह और तारे कैसे टिके हैं? पाश उस 'गुरुत्वाकर्षण बल' (Gravity) का प्रतीक है जो आकाशीय पिंडों को बांध कर रखता है, और अंकुश उस दिशात्मक बल (Directional Force) का प्रतीक है जो उन्हें उनकी कक्षाओं में संचालित करता है।

वर और अभय मुद्रा (Gestures of Boon and Fearlessness): यह मुद्रा दर्शाती है कि ब्रह्मांडीय स्पेस एक सुरक्षित और पोषण देने वाला मैट्रिक्स है (The nurturing aspect of the Cosmos)।

माँ भुवनेश्वरी साधना विधि: प्रामाणिक और स्थानिक प्रक्रिया (Spatial Process)

भुवनेश्वरी की साधना से साधक का मन संकीर्णताओं से मुक्त होकर अंतरिक्ष के समान विराट (Infinite) हो जाता है। यह साधना आपके 'व्यक्तिगत स्पेस' (Personal Space) और 'भौतिक आयाम' (Physical Dimensions) पर आपका पूर्ण नियंत्रण स्थापित करती है।

1. अधिकार और संकल्प (Setting the Intent)

यह साधना किसी खुले और शांत स्थान पर, सफेद या लाल आसन पर बैठकर, उत्तर या पूर्व दिशा की ओर मुख करके की जाती है। संकल्प लें कि आप अपनी चेतना के विस्तार (Expansion of Consciousness) और ब्रह्मांडीय मैट्रिक्स के साथ ट्यूनिंग के लिए यह साधना कर रहे हैं।

2. विनियोग (Targeting the Cosmic IP Address)

दायें हाथ में जल लेकर इस विशिष्ट ऊर्जा-प्रवाह को निर्देशित करें:

ॐ अस्य श्री भुवनेश्वरी मन्त्रस्य शक्ति ऋषिः, गायत्री छन्दः, भुवनेश्वरी देवता, ह्रीं बीजम्, ईं शक्तिः, रं कीलकम्, मम सर्वाभीष्ट सिद्ध्यर्थे जपे विनियोगः। (जल ज़मीन पर छोड़ दें)

3. कर-हृदय न्यास (Spatial Rewiring of the Body)

अपने शरीर के नाड़ी-तंत्र में भुवनेश्वरी की विराट ऊर्जा को स्थापित करने के लिए:

कर न्यास:

ॐ ह्रां - अंगुष्ठाभ्यां नमः

ॐ ह्रीं - तर्जनीभ्यां नमः

ॐ ह्रूं - मध्यमाभ्यां नमः

ॐ ह्रैं - अनामिकाभ्यां नमः

ॐ ह्रौं - कनिष्ठिकाभ्यां नमः

ॐ ह्रः - करतल करपृष्ठाभ्यां नमः

(इसी प्रकार हृदयादि न्यास करके शरीर को एक अभेद्य स्पेस/कवच में बदलें।)

4. ध्यान (The Mental Synchronization)

अपने आज्ञा चक्र में एक असीम और प्रकाशवान अंतरिक्ष की कल्पना करें, जिसके मध्य में माँ भुवनेश्वरी विराजमान हैं।

उद्यद्दिनद्युतिमिन्दुकिरीटां तुङ्गकुचां नयनत्रययुक्ताम्।

स्मेरमुखीं वरदाङ्कुशपाशाभीतिकरां प्रभजे भुवनेशीम्॥

5. मूल मंत्र (The Ultimate Frequency of Space)

रुद्राक्ष, स्फटिक या कमलगट्टे की माला पर माँ भुवनेश्वरी के इस 'माया बीज' (ह्रीं - Hreem) का जाप करें। तंत्र में 'ह्रीं' को ब्रह्मांड का सबसे शक्तिशाली बीजाक्षर माना गया है, जो 'स्पेस' और 'माया' (Illusion/Matrix) दोनों को नियंत्रित करता है।

माँ भुवनेश्वरी प्रामाणिक बीज मंत्र:

॥ ॐ ह्रीं भुवनेश्वर्यै नमः ॥ (अथवा केवल एकाक्षरी बीज मंत्र 'ह्रीं' का निरंतर जाप भी अत्यंत उग्र और परिणामदायी है।)

6. यंत्र (The Dimensional Grid)

भुवनेश्वरी यंत्र एक विशिष्ट ज्यामितीय ग्रिड (Grid) है, जो ब्रह्मांडीय फैब्रिक का भौतिक ब्लूप्रिंट है। इसे ताम्रपत्र पर स्थापित कर, अष्टगंध से पूजन करते हुए इस मंत्र का जाप आपके चारों ओर के भौतिक स्थान (Physical Space) की ऊर्जा को पूरी तरह से बदल देता है।

साधक के जीवन में इसका प्रभाव (The Output):

जब कोई साधक भुवनेश्वरी की इस फ्रीक्वेंसी को डिकोड कर लेता है, तो उसकी चेतना का अभूतपूर्व विस्तार (Expansion) होता है। उसका 'आभा मंडल' (Aura) इतना शक्तिशाली हो जाता है कि वह जिस भी स्थान (Space) पर जाता है, वहाँ की ऊर्जा को अपने अनुसार नियंत्रित (Control) कर लेता है। ऐसे साधक को भूमि, भवन, भौतिक सुख और समाज में एक 'ईश्वरीय' (Sovereign) सम्मान प्राप्त होता है, क्योंकि ब्रह्मांड का 'भौतिक मैट्रिक्स' उसके विचारों के अनुरूप स्वयं को ढालने लगता है।

अगले अध्याय में, हम ब्रह्मांड के एक अत्यंत उग्र और उच्च-वोल्टेज विज्ञान को डिकोड करेंगे। हम समझेंगे कि कैसे जब ऊर्जा अपने चरम पर होती है, तो वह अहंकार के सर्किट को काट देती है–हम प्रवेश करेंगे माँ छिन्नमस्ता और उनके 'इलेक्ट्रिकल सर्किट ऑफ कुंडलिनी' (Electrical Circuit of Kundalini) के रहस्य में।

अध्याय 7: माँ छिन्नमस्ता - कुंडलिनी का इलेक्ट्रिकल सर्किट (Electrical Circuit) और ऊर्जा का परम विस्फोट

इलेक्ट्रिकल इंजीनियरिंग (Electrical Engineering) में एक बहुत ही सामान्य सिद्धांत है–जब किसी सर्किट (Circuit) में अचानक बहुत उच्च वोल्टेज (High Voltage) की बिजली प्रवाहित की जाती है, तो यदि उसका 'फ्यूज' या 'रेजिस्टेंस' (Resistance) उस ऊर्जा को झेलने के लिए डिज़ाइन नहीं किया गया है, तो वह सर्किट उड़ जाता है या जल जाता है।

हमारा मानव शरीर और तंत्रिका तंत्र (Nervous System) भी बिल्कुल एक बायोलॉजिकल इलेक्ट्रिकल सर्किट की तरह है। हमारे मूलाधार चक्र (Base of the spine) में एक असीम ऊर्जा सोई हुई है, जिसे तंत्र में 'कुंडलिनी' (Kundalini) कहा जाता है। जब यह ऊर्जा पूरी ताकत के साथ ऊपर की ओर (Sahasrara या मस्तिष्क की ओर) उठती है, तो यह एक भयंकर 'वोल्टेज सर्ज' (Voltage Surge) पैदा करती है।

इस ब्रह्मांडीय ऊर्जा के प्रचंडतम और उच्च-वोल्टेज प्रवाह (High-Frequency Current) को ही तंत्र में 'माँ छिन्नमस्ता' कहा गया है।

'छिन्नमस्ता' का अर्थ है–जिसका मस्तक कटा हुआ हो। जब ऊर्जा (Voltage) अपने चरम पर होती है, तो मनुष्य का सीमित मस्तिष्क (Mind/Ego) उसे प्रोसेस नहीं कर पाता। ब्रह्मांड की इस अनंत ऊर्जा के साथ सीधे जुड़ने के लिए, 'अहंकार' और 'तर्क' रूपी प्रोसेसर (Processor) का कटना यानी बायपास (Bypass) होना अनिवार्य हो जाता है।

माँ छिन्नमस्ता के स्वरूप की डिकोडिंग (The Visual Blueprint)

यह तंत्र के सबसे रहस्यमयी और उग्र स्वरूपों में से एक है। इसकी आध्यात्मिक इंजीनियरिंग (Spiritual Mechanics) को इस प्रकार समझा जा सकता है:

अपना ही कटा हुआ सिर हाथ में: सिर 'अहंकार' (Ego), 'तर्क' (Logic) और 'सीमित पहचान' का प्रतीक है। जब आप अपने ही अहंकार को काट देते हैं, केवल तभी आप विशुद्ध ऊर्जा (Pure Energy) बन सकते हैं। यह दर्शाता है कि यह ऊर्जा शरीर (Hardware) से स्वतंत्र होकर चेतना के शुद्धतम रूप में संचालित हो रही है।

गर्दन से निकलती रक्त की तीन धाराएँ: यह कोई वीभत्स दृश्य नहीं है। यह मानव शरीर की तीन मुख्य 'इलेक्ट्रिकल वायर्स' (Electrical Wires) या नाड़ियों का डिकोडिंग है–इड़ा (Ida), पिंगला (Pingala) और सुषुम्ना (Sushumna)। जब कुंडलिनी जाग्रत होती है, तो इन तीनों नाड़ियों में ऊर्जा का प्रवाह होता है। माँ एक धारा स्वयं पी रही हैं (सुषुम्ना - स्व-पोषण) और दो धाराएँ अपनी सहचरियों 'डाकिनी' और 'वर्णिनी' (इड़ा और पिंगला) को पिला रही हैं।

कामदेव और रति के ऊपर खड़ी होना: कामदेव और रति यौन ऊर्जा (Sexual/Kinetic Energy) के प्रतीक हैं, जो मूलाधार चक्र में स्थित होती है। छिन्नमस्ता यह दर्शाती हैं कि जब इस निचली (Base) ऊर्जा को दबाया नहीं जाता, बल्कि इसे 'अपवर्ड सर्किट' (Upward Circuit) में मोड़ा जाता है, तो यही ऊर्जा सर्वोच्च आध्यात्मिक विस्फोट (Spiritual Explosion) का कारण बनती है।

माँ छिन्नमस्ता साधना विधि: प्रामाणिक और उच्च-वोल्टेज प्रक्रिया

चेतावनी (Safety Protocol): छिन्नमस्ता साधना एक 'हाई-वोल्टेज' प्रक्रिया है। बिना गुरु के सूक्ष्म मार्गदर्शन और बिना शरीर की पूर्ण शुद्धि के इसे करने से नर्वस सिस्टम पर भारी दबाव (Tantric Backlash) आ सकता है। यह ऊर्जा अत्यंत तीक्ष्ण होती है।

1. अधिकार और संकल्प (Setting the Intent)

यह साधना मध्यरात्रि में, लाल आसन पर, दक्षिण या पश्चिम दिशा की ओर मुख करके की जाती है। संकल्प लें कि आप अपने अहंकार (Ego) के विनाश और कुंडलिनी ऊर्जा के निर्बाध ऊर्ध्वगामी प्रवाह (Upward Flow) के लिए यह साधना कर रहे हैं।

2. विनियोग (Targeting the Cosmic IP Address)

दायें हाथ में जल लेकर ऊर्जा के इस प्रचंड प्रवाह को निर्देशित करें:

ॐ अस्य श्री छिन्नमस्ता मन्त्रस्य भैरव ऋषिः, सम्राट् छन्दः, छिन्नमस्ता देवता, हुं बीजम्, स्वाहा शक्तिः, ह्रीं कीलकम्, मम सर्वाभीष्ट सिद्धयर्थे जपे विनियोगः। (जल ज़मीन पर छोड़ दें)

3. कर-हृदय न्यास (High-Voltage Rewiring of the Body)

शरीर के सर्किट को इस प्रचंड ऊर्जा के अनुकूल बनाने के लिए:

कर न्यास:

ॐ आं ह्रीं क्रों - अंगुष्ठाभ्यां नमः

ॐ आं ह्रीं क्रों - तर्जनीभ्यां नमः

ॐ आं ह्रीं क्रों - मध्यमाभ्यां नमः

ॐ आं ह्रीं क्रों - अनामिकाभ्यां नमः

ॐ आं ह्रीं क्रों - कनिष्ठिकाभ्यां नमः

ॐ आं ह्रीं क्रों - करतल करपृष्ठाभ्यां नमः

(इसी प्रकार हृदयादि न्यास करके शरीर के ऊर्जा चक्रों को लॉक करें ताकि ऊर्जा का रिसाव न हो।)

4. ध्यान (The Mental Synchronization)

अपने आज्ञा चक्र में एक प्रचंड ऊर्जा विस्फोट और माँ छिन्नमस्ता के उस स्वरूप का ध्यान करें जो अपनी ही चेतना से स्वयं का पोषण कर रही हैं।

भास्वन्मण्डलमध्यगां निजशिरश्छिन्नं विकीर्णालकाम्।

स्फारस्फुरितद्दशां गले रुधिरधारां पिबन्तीं पराम्॥

5. मूल मंत्र (The Ultimate Frequency Code)

रुद्राक्ष की माला पर इस बीज मंत्र का जाप करें। इस मंत्र में 'वज्र' (Lightning/Electricity) शब्द का प्रयोग हुआ है, जो इस महाविद्या की मूल प्रकृति को दर्शाता है।

माँ छिन्नमस्ता प्रामाणिक बीज मंत्र:

॥ ॐ श्रीं ह्रीं ह्रीं ऐं वज्रवैरोचनीयै श्रीं ह्रीं ह्रीं फट् स्वाहा ॥

(वज्रवैरोचनी = जो वज्र (Electricity) के समान प्रकाशमान और शक्तिशाली है।)

6. यंत्र (The Circuit Board)

छिन्नमस्ता यंत्र नीचे की ओर मुख किए हुए त्रिकोण (Inverted Triangle) और उसके चारों ओर के अष्टदल कमल का एक विशिष्ट लेआउट है। इस 'मदरबोर्ड' पर त्राटक करने से साधक के आज्ञा चक्र (Pineal Gland) और मूलाधार चक्र (Base of Spine) के बीच एक सीधा 'शॉर्ट-सर्किट' (Direct Connection) स्थापित होता है।

साधक के जीवन में इसका प्रभाव (The Output):

जब कोई साधक इस 'इलेक्ट्रिकल सर्किट' को सिद्ध कर लेता है, तो उसके भीतर से मृत्यु और अपमान का भय जड़ से समाप्त हो जाता है, क्योंकि उसका अहंकार (सिर) आध्यात्मिक रूप से कट चुका होता है। साधक की कुंडलिनी शक्ति जाग्रत हो जाती है, जिससे उसे अत्यंत उच्च स्तर की अंतर्प्रज्ञा (Intuition), शत्रु-नाश की अमोघ शक्ति और जीवन के हर क्षेत्र में एक अचानक, तीव्र 'क्वांटम जंप' (Quantum Leap) प्राप्त होता है। वह ऊर्जा का मास्टर बन जाता है।

अध्याय 8: माँ भैरवी - तपस और आध्यात्मिक अग्नि (Thermodynamics of Spiritual Fire)

भौतिक विज्ञान में 'ऊष्मागतिकी' (Thermodynamics) का पहला नियम कहता है कि ऊर्जा को न तो बनाया जा सकता है और न ही नष्ट किया जा सकता है; इसे केवल एक रूप से दूसरे रूप में बदला जा सकता है (Energy can only be transformed)। लेकिन किसी भी वस्तु या ऊर्जा का रूप बदलने के लिए एक सबसे महत्वपूर्ण तत्व की आवश्यकता होती है–'ऊष्मा' (Heat) या 'अग्नि' (Fire)। बिना 'थर्मल एनर्जी' (Thermal Energy) के ब्रह्मांड में कोई भी रासायनिक या भौतिक परिवर्तन (Transformation) संभव नहीं है।

भारतीय दर्शन और तंत्र विज्ञान में, शरीर और चेतना के रूपांतरण के लिए आवश्यक इस प्रचंड आध्यात्मिक ऊष्मा को 'तपस' कहा गया है। और इस ब्रह्मांडीय अग्नि, तपस और परिवर्तन की सर्वोच्च ऊर्जा (Thermal Frequency) का नाम है–'माँ भैरवी'।

'भैरवी' शब्द 'भरण' (पोषण) और 'रवण' (विनाश) से बना है। अग्नि भोजन पकाकर जीवन का पोषण भी करती है, और सब कुछ जलाकर राख (विनाश) भी कर देती है। जिस प्रकार एक भट्टी (Furnace) कच्चे लोहे को पिघलाकर उसे फौलाद में बदल देती है, उसी प्रकार माँ भैरवी की ऊर्जा एक साधारण इंसान के भीतर के अज्ञान और कर्मों को जलाकर उसे एक 'सिद्ध' में रूपांतरित (Transform) कर देती है। वे कुंडलिनी की ऊष्मा हैं।

माँ भैरवी के स्वरूप की डिकोडिंग (The Visual Blueprint)

माँ भैरवी का स्वरूप सूर्य के समान अत्यंत तेजस्वी है। इनकी आध्यात्मिक इंजीनियरिंग को यदि हम डिकोड करें, तो यह 'कॉस्मिक कम्बस्शन' (Cosmic Combustion) का एक परफेक्ट मॉडल है:

हजारों सूर्यों के समान कांति (Radiance of a Thousand Suns): यह न्यूक्लियर फ्यूजन (Nuclear Fusion) और ब्रह्मांड की असीमित 'थर्मल एनर्जी' का प्रतीक है। भैरवी वह प्रकाश और ऊष्मा हैं जो सृष्टि के कण-कण को ऊर्जावान रखती हैं।

गले में मुंडमाला और रक्त रंजित वक्ष: मुंडमाला हमारे संचित कर्मों (Accumulated Karmas) और विचारों की श्रृंखला है। रक्त वह जीवन ऊर्जा (Kinetic Force) है। भैरवी हमारे अशुद्ध कर्मों को अपनी अग्नि में भस्म कर देती हैं।

हाथ में विद्या (पुस्तक) और जपमाला: यह स्पष्ट करता है कि यह अग्नि विनाशकारी नहीं, बल्कि 'ज्ञान की अग्नि' (Fire of Knowledge) है। जपमाला निरंतरता (Continuous Frequency) का प्रतीक है। जब ज्ञान और निरंतर अभ्यास (तपस) मिलते हैं, तभी आध्यात्मिक ऊष्मा उत्पन्न होती है।

अभय और वरद मुद्रा: यह मुद्राएं दर्शाती हैं कि जब साधक इस आध्यात्मिक अग्नि के साथ ट्यून हो जाता है, तो उसे किसी भी भौतिक या सूक्ष्म खतरे से डरने की आवश्यकता नहीं होती, क्योंकि अग्नि स्वयं उसकी रक्षा करती है।

माँ भैरवी साधना विधि: प्रामाणिक और थर्मोडायनामिक प्रक्रिया

चेतावनी (Safety Protocol): भैरवी की साधना शरीर में अत्यधिक 'थर्मल एनर्जी' (गर्मी) उत्पन्न करती है। साधक को इस दौरान पसीना आना, शरीर का तापमान बढ़ना और अत्यधिक ऊर्जा महसूस होना स्वाभाविक है। इसलिए आहार का सात्विक होना और 'ग्राउंडिंग' (Grounding) अत्यंत आवश्यक है।

1. अधिकार और संकल्प (Setting the Intent)

यह साधना प्रातः काल या रात्रि दोनों समय की जा सकती है। लाल आसन पर बैठकर, दक्षिण दिशा की ओर मुख करें। संकल्प लें कि आप अपने भीतर की अशुद्धियों को भस्म करने और अपने तेज (Aura) को जाग्रत करने के लिए इस 'आध्यात्मिक अग्नि' का आह्वान कर रहे हैं।

2. विनियोग (Targeting the Cosmic IP Address)

दायें हाथ में जल लेकर ऊर्जा के इस थर्मल प्रवाह को निर्देशित करें:

ॐ अस्य श्री त्रिपुरभैरवी मन्त्रस्य दक्षिणामूर्ति ऋषिः, पङ्क्ति छन्दः, त्रिपुरभैरवी देवता, ह्स्रैं बीजम्, ह्स्क्ल्रीं शक्तिः, ह्स्रौः कीलकम्, मम सर्वाभीष्ट सिद्ध्यर्थे जपे विनियोगः। (जल ज़मीन पर छोड़ दें)

3. कर-हृदय न्यास (Thermal Rewiring of the Body)

शरीर के सर्किट को इस तीव्र ऊष्मा को सहने और सही दिशा में प्रवाहित करने के लिए तैयार करना:

कर न्यास:

ॐ ह्स्रैं - अंगुष्ठाभ्यां नमः

ॐ ह्स्क्ल्रीं - तर्जनीभ्यां नमः

ॐ ह्स्रौः - मध्यमाभ्यां नमः

ॐ ह्स्रैं - अनामिकाभ्यां नमः

ॐ ह्स्क्ल्रीं - कनिष्ठिकाभ्यां नमः

ॐ ह्स्रौः - करतल करपृष्ठाभ्यां नमः

(इसी प्रकार हृदयादि न्यास करके शरीर के ऊर्जा चक्रों में इस अग्नि को लॉक करें।)

4. ध्यान (The Mental Synchronization)

अपने आज्ञा चक्र में एक प्रचंड और देदीप्यमान अग्निपुंज की कल्पना करें, जिसके मध्य में हजारों सूर्यों की आभा लिए माँ भैरवी विराजमान हैं।

उद्यद्भानुसहस्रकान्तिमरुणक्षौमां शिरोमालिकां

रक्तालिप्तपयोधरां जप…

अध्याय 9: **माँ धूमावती - एंटीमैटर (Antimatter), डार्क एनर्जी और ब्रह्मांडीय शून्यता का विज्ञान**

आधुनिक भौतिकी (Astrophysics) हमें बताती है कि हम जिस ब्रह्मांड को देखते हैं–तारे, ग्रह और आकाशगंगाएं–वह पूरे ब्रह्मांड का केवल 5% हिस्सा है। बाकी 95% हिस्सा 'डार्क मैटर' (Dark Matter) और 'डार्क एनर्जी' (Dark Energy) से बना है, जिसे देखा या मापा नहीं जा सकता, लेकिन जिसका गुरुत्वाकर्षण पूरे ब्रह्मांड को थामे हुए है।

विज्ञान यह भी मानता है कि जब ब्रह्मांड अपनी आयु पूरी कर लेगा (Big Crunch), तो सारे तारे बुझ जाएंगे, सारा पदार्थ (Matter) एंटीमैटर (Antimatter) से टकराकर नष्ट हो जाएगा, और पीछे केवल एक अनंत, अंधकारमय, ठंडी शून्यता और 'धुआं' (Cosmic Dust/Smoke) बचेगा।

तंत्र विज्ञान में, ब्रह्मांड के अंत के बाद बचने वाले इसी अवशिष्ट धुएं, डार्क एनर्जी और परम शून्यता (The Ultimate Void) को 'माँ धूमावती' कहा गया है।

'धूम' का अर्थ है धुआं। जब भैरवी की आध्यात्मिक अग्नि सब कुछ जलाकर राख कर देती है, तो जो धुआं उठता है, वह धूमावती है। वे महाविद्याओं में एकमात्र ऐसी देवी हैं जो 'विधवा' (Widow) हैं। आध्यात्मिक इंजीनियरिंग में इसका अर्थ यह है कि यहाँ 'शिव' (चेतना/सृजन की ऊर्जा) अनुपस्थित हैं। यह ऊर्जा का वह रूप है जहाँ सृजन (Creation) शून्य हो चुका है, और केवल एक असीम ठहराव (Static Void) बाकी है।

माँ धूमावती के स्वरूप की डिकोडिंग (The Visual Blueprint)

माँ धूमावती का स्वरूप देखने में मलिन, वृद्ध और डरावना लगता है। लेकिन जो 'आध्यात्मिक इंजीनियर' इसके पीछे के सोर्स कोड को समझ लेता है, उसके लिए यह ब्रह्मांड का सबसे बड़ा रहस्य है:

विधवा और वृद्धा (The Widow and the Old): जब सिस्टम (ब्रह्मांड) से 'सृजन' का सॉफ्टवेयर डिलीट हो जाता है, तो जो बचता है वह धूमावती हैं। बुढ़ापा एन्ट्रापी (Entropy) की चरम सीमा है, जहाँ भौतिक आकर्षण समाप्त हो जाता है और केवल नग्न सत्य बचता है।

सूप (Winnowing Basket) हाथ में: सूप का काम अनाज से भूसी (कचरे) को अलग करना है। धूमावती वह ब्रह्मांडीय फ़िल्टर (Cosmic Filter) हैं जो सत्य (आत्मा) को असत्य (माया/भौतिक मोह) से अलग करती हैं।

बिना घोड़ों का रथ (Chariot without Horses): घोड़े गति (Kinetic Energy) के प्रतीक हैं। बिना घोड़ों का रथ 'ज़ीरो वेलोसिटी' (Zero Velocity) और ठहराव (Stagnation) का प्रतीक है। यह वह अवस्था है जब समय और गति दोनों रुक जाते हैं।

कौआ (The Crow on the Banner): कौआ (Scavenger) मृत चीजों को खाता है। ब्रह्मांडीय स्तर पर, धूमावती की ऊर्जा मृत तारों, नष्ट हो चुके ग्रहों और मरे हुए विचारों (Dead Thoughts) को रिसाइकिल (Recycle) करने का कार्य करती है।

माँ धूमावती साधना विधि: प्रामाणिक और 'डार्क एनर्जी' एब्जॉर्प्शन प्रक्रिया

चेतावनी (Safety Protocol): धूमावती की साधना को अत्यंत उग्र और 'वाम मार्गी' माना जाता है। इसे कभी भी भौतिक सुख, विवाह या संतान प्राप्ति के लिए नहीं किया जाता। यह साधना केवल शत्रुओं के पूर्ण स्तंभन, गहरे अवसाद (Depression) को काटने, और परम वैराग्य (Detachment) के लिए की जाती है। यह आपके सिस्टम की 'हार्ड ड्राइव' को पूरी तरह से 'फॉर्मेट' (Format) करने की प्रक्रिया है।

1. अधिकार और संकल्प (Setting the Intent)

यह साधना किसी एकांत स्थान, श्मशान, या बंद कमरे में, मध्यरात्रि के समय, काले या धुएं के रंग (Smoky) के आसन पर दक्षिण दिशा की ओर मुख करके की जाती है। संकल्प लें कि आप अपने जीवन के सभी दुखों, दरिद्रता, अवसाद और शत्रुओं के नाश के लिए इस परम शून्यता की ऊर्जा का आह्वान कर रहे हैं।

2. विनियोग (Targeting the Cosmic IP Address)

दायें हाथ में जल लेकर इस 'डार्क' ऊर्जा प्रवाह को निर्देशित करें:

ॐ अस्य श्री धूमावती मन्त्रस्य पिप्पलाद ऋषिः, निवृत् छन्दः, धूमावती देवता, धूं बीजम्, स्वाहा शक्तिः, धूमावती कीलकम्, मम सर्वाभीष्ट सिद्ध्यर्थे जपे विनियोगः। (जल ज़मीन पर छोड़ दें)

3. कर-हृदय न्यास (Formatting the System)

शरीर के सर्किट से सभी प्रकार के मोह और सकारात्मक/नकारात्मक अटैचमेंट (Attachments) को 'डिलीट' करने के लिए:

कर न्यास:

ॐ धूं - अंगुष्ठाभ्यां नमः

ॐ धूं - तर्जनीभ्यां नमः

ॐ धूं - मध्यमाभ्यां नमः

ॐ धूं - अनामिकाभ्यां नमः

ॐ धूं - कनिष्ठिकाभ्यां नमः

ॐ धूं - करतल करपृष्ठाभ्यां नमः

(हृदयादि न्यास द्वारा शरीर को इस असीम शून्यता के साथ सिंक करें।)

4. ध्यान (The Mental Synchronization)

अपने आज्ञा चक्र में एक घने धुएं और अंधकार की कल्पना करें, जिसके बीच एक बिना घोड़ों के रथ पर माँ धूमावती विराजमान हैं।

विवर्णा चञ्चला कृष्णा दीर्घा च मलिनाम्बरा।

विमुक्तकुन्तला रूक्षा विधवा विरलद्विजा॥

काकध्वजरथारूढा विलम्बितपयोधरा।

सूर्पहस्तातिरुक्षाक्षी धूतहस्ता वरान्विता॥

5. मूल मंत्र (The Frequency of the Void)

रुद्राक्ष की माला पर इस मंत्र का जाप अत्यंत धीमी और गहरी आवाज़ (Deep Low-Pitch Frequency) में किया जाता है। 'धूं' बीज मंत्र किसी भी प्रकार की नकारात्मकता को सोख लेने (Absorb) की अचूक क्षमता रखता है।

माँ धूमावती प्रामाणिक बीज मंत्र:

॥ ॐ धूं धूं धूमावती ठः ठः ॥

(यहाँ 'ठः ठः' का अर्थ है किसी चीज़ को पूरी तरह से रोक देना या उसे जड़ (Static) कर देना।)

6. यंत्र (The Black Hole Circuit)

धूमावती यंत्र एक प्रकार का 'ब्लैक होल सर्किट' है। इसे स्थापित करने का अर्थ है अपने आस-पास मौजूद हर प्रकार की बुरी नज़र, तंत्र प्रयोग, दरिद्रता और दुर्भाग्य को इस यंत्र में सोख लेना। जब इस यंत्र पर त्राटक करके मंत्र जपा जाता है, तो यह साधक के जीवन के सभी 'कचरे' (Karmic Garbage) को शून्य में विलीन कर देता है।

साधक के जीवन में इसका प्रभाव (The Output):

जब एक साधक धूमावती की इस 'डार्क फ्रीक्वेंसी' के साथ जुड़ जाता है, तो दुनिया की कोई भी त्रासदी, नुकसान, दिवालियापन या दुख उसे तोड़ नहीं सकता। वह डिप्रेशन (अवसाद) और मृत्यु के भय से पूरी तरह पार हो जाता है। तंत्र में कहा गया है कि जब व्यक्ति सब कुछ हार जाता है, तब धूमावती उसे वो अजेय शक्ति देती हैं जहाँ से उसे कोई हरा नहीं सकता, क्योंकि जो पहले ही शून्य (Zero) हो चुका है, उसे और नीचे नहीं गिराया जा सकता। यह परम वैराग्य और अजेयता का विज्ञान है।

अगले अध्याय में, हम उस विज्ञान की ओर बढ़ेंगे जहाँ गतिज ऊर्जा (Kinetic Energy) को पलक झपकते ही शून्य (Static Equilibrium) कर दिया जाता है। शत्रुओं की वाणी, बुद्धि और गति को पूरी तरह से 'पक्षाघात' (Paralyze) कर देने वाली सबसे प्रचंड शक्ति–हम प्रवेश करेंगे

माँ बगलामुखी के 'स्तंभन विज्ञान' (Science of Paralysis/Stambhan) में

अध्याय 10: माँ बगलामुखी - गति का स्थगन (Stambhan) और ऊर्जा को 'पैरालाइज' करने का विज्ञान

आधुनिक भौतिक विज्ञान (Physics) में एक अवस्था होती है जिसे 'स्थैतिक संतुलन' (Static Equilibrium) कहा जाता है। जब कोई वस्तु अत्यंत तीव्र गति (Kinetic Energy) में हो, और उस पर विपरीत दिशा से एक समान और अधिक शक्तिशाली बल (Force) लगा दिया जाए, तो वह वस्तु उसी क्षण अपनी जगह पर रुक (Freeze) जाती है। यह ब्रह्मांड का सबसे शक्तिशाली 'ब्रेकिंग सिस्टम' (Braking System) है।

तंत्र विज्ञान में, विरोधी ऊर्जा, विचारों, गति और वाणी को पलक झपकते ही रोकने, जड़ करने या 'पक्षाघात' (Paralyze) कर देने वाली इसी सर्वोच्च ब्रह्मांडीय फ्रीक्वेंसी को 'माँ बगलामुखी' कहा गया है।

बगलामुखी शब्द 'वल्गा' (लगाम या Bridle) और 'मुखी' (मुख) से बना है। जिस प्रकार एक दौड़ते हुए बेकाबू घोड़े के मुंह में लगाम खींचकर उसे तुरंत रोक दिया जाता है, उसी प्रकार माँ बगलामुखी वह 'ब्रह्मांडीय लगाम' हैं जो ब्रह्मांड के किसी भी अवांछित विचार, शत्रु की चाल या नकारात्मक ऊर्जा को उसी जगह पर 'स्तंभित' (Freeze) कर देती हैं। इन्हें तंत्र का 'ब्रह्मास्त्र' (The Ultimate Weapon) कहा जाता है।

माँ बगलामुखी के स्वरूप की डिकोडिंग (The Visual Blueprint)

इनका स्वरूप और साधना सामग्री मुख्य रूप से 'पीले' (Yellow) रंग की होती है। इसे 'पीताम्बरा' भी कहा जाता है। इस स्वरूप की आध्यात्मिक इंजीनियरिंग बेहद वैज्ञानिक है:

पीला वर्ण (The Yellow Frequency): पीला रंग 'बृहस्पति' (ज्ञान और गुरुत्वाकर्षण) और 'रेडिएशन' (तीव्र ऊर्जा) का प्रतीक है। विज्ञान में पीला रंग चेतावनी (Warning) और उच्चतम दृश्यता (High Visibility) का रंग है। बगलामुखी की ऊर्जा वह हाई-रेडिएशन है जो विरोधी के नर्वस सिस्टम को जाम कर देती है।

शत्रु की जीभ खींचना (Pulling the Demon's Tongue): जीभ अभिव्यक्ति (Articulation), संचार (Communication) और विचार (Thought) का भौतिक रूप है। जब कोई आपके खिलाफ षड्यंत्र रचता है, तो उसकी शुरुआत 'विचार' और 'वाणी' से होती है। शत्रु की जीभ

खींचने का अर्थ है उसके 'कम्युनिकेशन नेटवर्क' और 'कमांड सेंटर' को नष्ट कर देना।

दाएं हाथ में मुगदर (Mace): मुगदर 'ब्लंट फोर्स' (Blunt Force) का प्रतीक है। यह काटने (खड्ग) का काम नहीं करता, बल्कि यह सीधा आघात करके सिस्टम को सुन्न (Numb) कर देता है।

माँ बगलामुखी साधना विधि: प्रामाणिक और स्तंभन (Paralysis) प्रक्रिया

नियम और प्रोटोकॉल: यह साधना पूरी तरह से पीली वस्तुओं पर आधारित है। पीला आसन, पीले वस्त्र, हल्दी की माला और बेसन/चने की दाल (पीला नैवेद्य)। इस साधना में 'सिग्नल' को भटकाने की जरा भी गुंजाइश नहीं होती। यह एक 'डायरेक्ट हिट' (Direct Hit) है।

1. अधिकार और संकल्प (Setting the Intent)

यह साधना मध्यरात्रि (विशेषकर चतुर्दशी या मंगलवार) को पूर्व या उत्तर दिशा की ओर मुख करके की जाती है। संकल्प में अत्यंत स्पष्टता होनी चाहिए–आप किस नकारात्मक ऊर्जा, मुक़दमे (Court Case), या विरोधी को 'स्तंभित' (Freeze) करने के लिए यह ब्रह्मांडीय कमांड दे रहे हैं।

2. विनियोग (Targeting the Cosmic IP Address)

दायें हाथ में पीला जल और हल्दी लेकर इस प्रचंड 'ब्रह्मास्त्र' को निर्देशित करें:

ॐ अस्य श्री बगलामुखी मन्त्रस्य नारद ऋषिः, त्रिष्टुप् छन्दः, बगलामुखी देवता, ह्लीं बीजम्, स्वाहा शक्तिः, बगलामुखी कीलकम्, मम शत्रु स्तम्भनार्थे जपे विनियोगः। (जल ज़मीन पर छोड़ दें)

3. कर-हृदय न्यास (Freezing the Circuit)

अपने शरीर के सर्किट को एक अभेद्य 'तड़ित चालक' (Lightning Conductor) बनाने के लिए:

कर न्यास:

ॐ ह्लीं - अंगुष्ठाभ्यां नमः

ॐ बगलामुखि - तर्जनीभ्यां नमः

ॐ सर्वदुष्टानां - मध्यमाभ्यां नमः

ॐ वाचं मुखं पदं स्तम्भय - अनामिकाभ्यां नमः

ॐ जिह्वां कीलय - कनिष्ठिकाभ्यां नमः

ॐ बुद्धिं विनाशय ह्लीं ॐ स्वाहा - करतल करपृष्ठाभ्यां नमः

(हृदयादि न्यास द्वारा इसी ब्रह्मास्त्र ऊर्जा को शरीर के अंगों में स्थापित करें।)

4. ध्यान (The Mental Synchronization)

अपने आज्ञा चक्र में एक पीले प्रकाश के महासागर का ध्यान करें, जिसके मध्य में माँ पीताम्बरा एक हाथ से शत्रु की जीभ खींचे हुए और दूसरे हाथ से मुगदर का प्रहार करते हुए विराजमान हैं।

मध्ये सुधाब्धिमणिमण्डपरत्नवेद्यां > सिंहासनोपरिगतां परिपीतवर्णाम्।

पीताम्बराभरणमाल्यविभूषिताङ्गीं

देवीं स्मरामि धृतमुद्गरवैरिजिह्वाम्॥

5. मूल मंत्र (The 36-Lettered Brahmastra Code)

हल्दी की माला पर जपा जाने वाला यह 36 अक्षरों का मंत्र तंत्र जगत का सबसे अचूक 'फ्रीज़ कमांड' (Freeze Command) है। इसमें 'ह्लीं' (Hleem) बीज का उपयोग होता है, जो सीधा मस्तिष्क के न्यूरॉन्स (बुद्धि) पर प्रहार करता है।

माँ बगलामुखी प्रामाणिक ब्रह्मास्त्र मंत्र:

॥ ॐ ह्लीं बगलामुखि सर्वदुष्टानां वाचं मुखं पदं स्तम्भय जिह्वां कीलय बुद्धिं विनाशय ह्लीं ॐ स्वाहा ॥

(अर्थ: ॐ और ह्लीं के प्रभाव से हे बगलामुखी! सभी दुष्टों की वाणी, मुख और पैरों को स्तम्भित कर दो, उनकी जीभ को कील (लॉक) कर दो, और उनकी दुर्बुद्धि का विनाश कर दो।)

6. यंत्र (The Containment Grid / Faraday Cage)

बगलामुखी यंत्र एक प्रकार का 'फैराडे केज' (Faraday Cage) है, जो किसी भी बाहरी सिग्नल को अंदर नहीं आने देता और अंदर की ऊर्जा को बाहर नहीं जाने देता। हल्दी की स्याही से भोजपत्र पर बने इस यंत्र पर जब त्राटक किया जाता है, तो यह साधक के चारों ओर एक ऐसा 'स्टैटिक फील्ड' (Static Field) बना देता है कि शत्रु का हर वार साधक तक पहुँचने से पहले ही शून्य (Zero) हो जाता है।

साधक के जीवन में इसका प्रभाव (The Output):

जब एक साधक इस 'स्तंभन फ्रीक्वेंसी' को डिकोड कर लेता है, तो वह अजेय हो जाता है। कोर्ट-कचहरी के विवाद, झूठे आरोप, या बड़े से बड़ा षड्यंत्र उसके सामने आकर दम तोड़ देता है। साधक की आभा (Aura) इतनी शक्तिशाली हो जाती है कि उसके सामने आते ही विरोधियों के विचार शून्यावस्था (Blank) में चले जाते हैं, उनकी वाणी लड़खड़ाने लगती है और उनकी बुद्धि काम करना बंद कर देती है। यह केवल विनाश का नहीं, बल्कि 'अल्टीमेट कंट्रोल' (Ultimate Control) और सुरक्षा का विज्ञान है।

अध्याय 11: माँ मातंगी - विचार, ध्वनि और अभिव्यक्ति की गूंज (Resonance)

दूरसंचार (Telecommunications) और ध्वनि विज्ञान (Acoustics) में 'रेजोनेंस' (Resonance) या 'अनुनाद' एक अत्यंत महत्वपूर्ण सिद्धांत है। जब दो तरंगें एक ही आवृत्ति (Frequency) पर कंपन करती हैं, तो उनकी ऊर्जा कई गुना बढ़ जाती है। हमारे मस्तिष्क में हर पल हजारों विचार (Thoughts - सूक्ष्म तरंगें) उत्पन्न होते हैं, लेकिन वे तब तक भौतिक वास्तविकता नहीं बन सकते जब तक उन्हें एक विशिष्ट 'ध्वनि' (Speech/Articulation) के माध्यम से 'प्रसारित' (Transmit) न किया जाए।

तंत्र विज्ञान में, विचार को शब्द में बदलने, ध्वनि को कला में ढालने और ब्रह्मांड में अपनी 'फ्रीक्वेंसी' को गूंजाने वाली इसी सर्वोच्च शक्ति को 'माँ मातंगी' कहा गया है।

यदि माँ तारा ब्रह्मांडीय शून्यता की 'प्रथम ध्वनि' (Primordial Sound) हैं, तो माँ मातंगी उस ध्वनि का 'अर्थ' (Meaning) और 'अभिव्यक्ति' (Articulation) हैं। वे ज्ञान की देवी सरस्वती का ही तांत्रिक स्वरूप हैं, लेकिन वे केवल मौन ज्ञान नहीं हैं; वे वह ज्ञान हैं जो बोला जा चुका है, गाया जा चुका है और जिसे ब्रह्मांड में प्रसारित (Broadcast) किया जा रहा है।

माँ मातंगी के स्वरूप की डिकोडिंग (The Visual Blueprint)

माँ मातंगी का स्वरूप तंत्र में 'उच्छिष्ट चांडालिनी' के रूप में भी जाना जाता है। 'उच्छिष्ट' का अर्थ है 'जूठा' (Leftovers)। इसकी आध्यात्मिक इंजीनियरिंग बहुत ही गूढ़ है:

उच्छिष्ट (जूठा) का विज्ञान: जब भी कोई शब्द या ज्ञान मुंह से बाहर निकल जाता है, तो वह 'जूठा' हो जाता है (क्योंकि उसे चखा जा चुका है)। मातंगी बोली गई वाणी और 'ट्रांसमिटेड डेटा' (Transmitted Data) की देवी हैं। यह दर्शाता है कि भौतिक संसार में कोई भी ज्ञान तब तक उपयोगी नहीं है, जब तक उसे दूसरों तक संचारित (Communicate) न किया जाए।

गहरा हरा वर्ण (Emerald Green Hue): हरा रंग प्रकृति, समृद्धि और 'हार्ट चक्र' (Heart Chakra - भावना) का प्रतीक है। जो वाणी केवल तर्क

से नहीं, बल्कि गहरी भावना (Resonance) से निकलती है, वही दूसरों पर प्रभाव डालती है।

हाथ में वीणा (The Frequency Generator): वीणा 'स्ट्रिंग थ्योरी' (String Theory) और 'हार्मोनिक फ्रीक्वेंसी' (Harmonic Frequency) का साक्षात प्रतीक है। मातंगी सिखाती हैं कि यह ब्रह्मांड एक वाद्य यंत्र है; यदि आप सही तार (Vocal Cords/Words) छेड़ेंगे, तो पूरी सृष्टि आपके साथ अनुनाद (Resonate) करने लगेगी।

क्रेड़ा करता हुआ तोता (The Parrot): तोता दोहराने (Mimicry) का प्रतीक है। यह 'रिपीटर नेटवर्क' (Repeater Network) की तरह है जो आपके द्वारा उत्पन्न की गई ध्वनि तरंगों (मंत्रों) को बार-बार दोहराकर ब्रह्मांड में स्थापित करता है।

माँ मातंगी साधना विधि: प्रामाणिक और अनुनाद (Resonance) प्रक्रिया

यह साधना वाक-सिद्धि, संगीत, कला, सम्मोहन और अपने विचारों को दूसरों के मस्तिष्क में 'प्लग-इन' (Plug-in) करने की सबसे शक्तिशाली प्रक्रिया है।

1. अधिकार और संकल्प (Setting the Intent)

यह साधना किसी भी शांत स्थान पर, हरे आसन पर बैठकर, उत्तर दिशा की ओर मुख करके की जा सकती है। संकल्प लें कि आप अपनी वाणी में आकर्षण, कला में प्रवीणता और ब्रह्मांडीय अनुनाद (Cosmic Resonance) को जाग्रत करने के लिए यह साधना कर रहे हैं।

2. विनियोग (Targeting the Cosmic IP Address)

दायें हाथ में जल लेकर इस संचार-ऊर्जा को निर्देशित करें:

ॐ अस्य श्री मातंगी मन्त्रस्य दक्षिणामूर्ति ऋषिः, विराट् छन्दः, श्री मातंगी देवता, ह्रीं बीजम्, क्लीं शक्तिः, सौः कीलकम्, मम सर्वाभीष्ट सिद्धयर्थे जपे विनियोगः। (जल ज़मीन पर छोड़ दें)

3. कर-हृदय न्यास (Rewiring the Vocal and Neural Circuits)

विशुद्ध चक्र (Throat) और मस्तिष्क के संचार केंद्रों को ट्यून करने के लिए:

कर न्यास:

ॐ ह्रां - अंगुष्ठाभ्यां नमः

ॐ ह्रीं - तर्जनीभ्यां नमः

ॐ ह्रूं - मध्यमाभ्यां नमः

ॐ ह्रैं - अनामिकाभ्यां नमः

ॐ ह्रौं - कनिष्ठिकाभ्यां नमः

ॐ ह्रः - करतल करपृष्ठाभ्यां नमः

(हृदयादि न्यास द्वारा ऊर्जा को स्वर-यंत्र (Vocal Cords) और मस्तिष्क में लॉक करें।)

4. ध्यान (The Mental Synchronization)

अपने आज्ञा चक्र और विशुद्ध चक्र (गले) के बीच एक हरे रंग की आभा का ध्यान करें। वीणा बजाती हुई, तोते के साथ क्रीड़ा करती हुई माँ मातंगी का मानसिक चित्र उकेरें।

श्यामाङ्गीं शशिशेखरां त्रिनयनां रत्नसिंहासनस्थिताम्।

वेदाङ्गैरावृतां तां वीणां वादयन्तीं भजे मातङ्गीम्॥

5. मूल मंत्र (The Master Broadcast Code)

रुद्राक्ष या स्फटिक की माला पर इस मंत्र का जाप करें। इस मंत्र के उच्चारण में गले से एक विशेष प्रकार का कंपन (Vibration) उत्पन्न होना चाहिए।

माँ मातंगी प्रामाणिक बीज मंत्र:

॥ ॐ ह्रीं क्लीं हूं मातंग्यै फट् स्वाहा ॥

(ह्रीं = माया/ऊर्जा, क्लीं = आकर्षण/चुंबकत्व, हूं = शक्ति/प्रहार, फट् = तत्काल प्रकटीकरण)

6. यंत्र (The Acoustic Transmitter)

मातंगी यंत्र एक 'अकॉस्टिक ट्रांसमीटर' (Acoustic Transmitter) की तरह काम करता है। अष्टगंध से भोजपत्र पर बने इस यंत्र के सामने जब भी कोई साधक अपनी बात, प्रार्थना या कला प्रस्तुत करता है, तो वह ध्वनि बिना किसी 'रेजिस्टेंस' (Resistance) के सीधे ब्रह्मांड के 'मेन सर्वर' तक पहुँच जाती है।

साधक के जीवन में इसका प्रभाव (The Output):

जब कोई साधक मातंगी की इस 'रेजोनेटिंग फ्रीक्वेंसी' को डिकोड कर लेता है, तो उसकी वाणी में एक अचूक 'मैग्नेटिज़्म' (Magnetism) आ जाता है। वह जो भी बोलता है, लोग उसे सम्मोहित होकर सुनते हैं। लेखक, वक्ता, गायक, संगीतकार और लीडर्स के लिए यह ऊर्जा एक 'चीट कोड' (Cheat Code) की तरह है। साधक के विचार बहुत ही कम समय में और सटीक रूप से भौतिक यथार्थ (Physical Reality) में बदलने लगते हैं, क्योंकि उसने ब्रह्मांड के 'कम्युनिकेशन प्रोटोकॉल' (Communication Protocol) को हैक कर लिया होता है।

अध्याय 12: माँ कमलात्मिका - भौतिक प्रकटीकरण (Material Manifestation) और प्रचुरता का विज्ञान

क्वांटम भौतिकी (Quantum Physics) का सबसे रहस्यमयी सिद्धांत 'वेव-पार्टिकल डुआलिटी' (Wave-Particle Duality) और 'ऑब्जर्वर इफ़ेक्ट' (Observer Effect) है। विज्ञान कहता है कि यह पूरा ब्रह्मांड सूक्ष्म स्तर पर केवल ऊर्जा की तरंगों (Probability Waves) का एक महासागर है। लेकिन जैसे ही कोई 'पर्यवेक्षक' (Observer) उस पर ध्यान केंद्रित करता है, वे तरंगें 'कोलैप्स' (Collapse) होकर ठोस कणों (Solid Matter) में बदल जाती हैं। सरल शब्दों में, अदृश्य ऊर्जा का ठोस भौतिक वास्तविकता में बदलना।

तंत्र विज्ञान में, ब्रह्मांडीय ऊर्जा के इसी अंतिम 'क्वांटम कोलैप्स'—जहाँ सूक्ष्म ऊर्जा पूर्ण रूप से भौतिक प्रकटीकरण (Material Manifestation), प्रचुरता, धन और ऐश्वर्य का ठोस रूप ले लेती है–उसी सर्वोच्च शक्ति को 'माँ कमलात्मिका' (या कमला) कहा गया है।

महाविद्याओं की श्रृंखला महाकाली (परम शून्यता और समय) से शुरू होती है और माँ कमला (परम भौतिकता और प्रकटीकरण) पर आकर पूरी होती है। माँ कमला तंत्र की 'महालक्ष्मी' हैं। आध्यात्मिक इंजीनियरिंग के नजरिए से, यह पूरे 'सिस्टम' का अंतिम 'आउटपुट' (Output) है। यदि आपने पिछले 9 सॉफ्टवेयर और हार्डवेयर अपग्रेड्स को सही तरीके से इंस्टॉल कर लिया है, तो अंतिम परिणाम (Result) ठोस भौतिक सफलता और पूर्णता ही होगा।

माँ कमलात्मिका के स्वरूप की डिकोडिंग (The Visual Blueprint)

इनका स्वरूप अत्यंत भव्य, स्वर्णिम और ऐश्वर्य से परिपूर्ण है। इसके पीछे छिपे 'सोर्स कोड' को समझें:

स्वर्णिम आभा (The Golden Frequency): सोना (Gold) पृथ्वी पर ऊर्जा और मूल्य का सबसे स्थिर और भौतिक रूप है। माँ की स्वर्णिम आभा यह दर्शाती है कि यह ऊर्जा पूर्ण रूप से 'सॉलिडिफाई' (Solidify) हो चुकी है। यह गुरुत्वाकर्षण (Gravity) का वह केंद्र है जो धन और समृद्धि को अपनी ओर खींचता है।

कमल का फूल (The Lotus Grid): कमल कीचड़ में खिलता है लेकिन उससे अछूता रहता है। कीचड़ (Mud) यह भौतिक संसार (Matrix) है। कमल यह दर्शाता है कि भौतिक संसार की सभी संपत्ति और प्रचुरता का भोग करते हुए भी साधक की चेतना 'वाटरप्रूफ' (अनासक्त) रहती है।

चार हाथी (The 4 Pillars of Continuous Flow): माँ के चारों ओर चार सफेद हाथी सूंड में कलश लिए हुए उनका अभिषेक कर रहे हैं। हाथी 'मास' (Mass/भारीपन) और स्थिरता का प्रतीक हैं। चार हाथी चार दिशाओं और ब्रह्मांड के चार मुख्य बलों (Fundamental Forces) का प्रतीक हैं, जो निरंतर ऊर्जा और संसाधनों का प्रवाह (Continuous Flow of Resources) बनाए रखते हैं।

माँ कमला साधना विधि: प्रामाणिक और मैनिफेस्टेशन (Manifestation) प्रक्रिया

यह साधना जीवन से दरिद्रता (Entropy) को पूरी तरह मिटाने और पूर्ण भौतिक प्रचुरता (Absolute Abundance) को डाउनलोड करने का सबसे बड़ा तांत्रिक कोड है।

1. अधिकार और संकल्प (Setting the Intent)

यह साधना शुक्रवार की रात्रि या प्रातः काल, पीले या लाल आसन पर, पूर्व दिशा की ओर मुख करके की जाती है। संकल्प लें कि आप अपनी चेतना को ब्रह्मांड के 'अल्टीमेट अबंडेंस ग्रिड' (Ultimate Abundance Grid) के साथ सिंक कर रहे हैं, ताकि पूर्ण भौतिक और आध्यात्मिक समृद्धि प्राप्त हो सके।

2. विनियोग (Targeting the Cosmic IP Address)

दायें हाथ में जल, अक्षत और पुष्प लेकर इस मैनिफेस्टेशन ऊर्जा को निर्देशित करें:

ॐ अस्य श्री कमला मन्त्रस्य भृगु ऋषिः, निचृद् गायत्री छन्दः, श्री कमला देवता, श्रीं बीजम्, ह्रीं शक्तिः, क्लीं कीलकम्, मम सर्वाभीष्ट सिद्धयर्थे जपे विनियोगः। (जल ज़मीन पर छोड़ दें)

3. कर-हृदय न्यास (Rewiring for High Gravity/Attraction)

शरीर के ऊर्जा केंद्रों को धन और समृद्धि के 'मैग्नेट' (Magnet) में बदलने के लिए:

कर न्यास:

ॐ श्रां - अंगुष्ठाभ्यां नमः

ॐ श्रीं - तर्जनीभ्यां नमः

ॐ श्रूं - मध्यमाभ्यां नमः

ॐ श्रैं - अनामिकाभ्यां नमः

ॐ श्रौं - कनिष्ठिकाभ्यां नमः

ॐ श्रः - करतल करपृष्ठाभ्यां नमः

(हृदयादि न्यास द्वारा इस चुम्बकीय ऊर्जा को अपने पूरे आभामंडल (Aura) में लॉक करें।)

4. ध्यान (The Mental Synchronization)

अपने आज्ञा चक्र में स्वर्ण के समान चमकते हुए एक विशाल कमल का ध्यान करें, जिस पर माँ कमलात्मिका विराजमान हैं और चार हाथी रत्नों से भरे जल से उनका अभिषेक कर रहे हैं।

कान्त्या काञ्चनसन्निभां हिमगिरिप्रख्यैश्चतुर्भिर्गजैर्हस्तोत्क्षिप्तहिरण्मयामृतघटैरासिच्यमानां श्रियम्।

विभ्राणां वरमब्जयुग्ममभयं हस्तैः किरीटोज्ज्वलां

क्षौमाबद्धनितम्बबिम्बलसितां वन्देऽरविन्दस्थिताम्॥

5. मूल मंत्र (The Absolute Material Code)

कमलगट्टे (कमल के बीज) की माला पर इस बीज मंत्र का जाप करें। 'श्रीं' (Shreem) पूरे ब्रह्मांड में आकर्षण, धन और प्रकटीकरण का सबसे बड़ा 'बीज' (Seed Code) है।

माँ कमला प्रामाणिक बीज मंत्र:

॥ ॐ श्रीं ह्रीं श्रीं कमले कमलालये प्रसीद प्रसीद श्रीं ह्रीं श्रीं ॐ महालक्ष्म्यै नमः ॥

(श्रीं = भौतिक प्रचुरता, ह्रीं = ब्रह्मांडीय ऊर्जा। यह मंत्र ऊर्जा और पदार्थ का परफेक्ट बैलेंस है।)

6. यंत्र (The Materialization Grid)

कमला यंत्र एक ऐसा ज्यामितीय अलाइनमेंट है जो सीधे पृथ्वी के 'मैग्नेटिक फील्ड' के साथ जुड़ता है। इसे स्वर्ण, रजत या ताम्रपत्र पर स्थापित कर, गुलाब के फूलों और इत्र (Fragrance - जो पृथ्वी तत्व को आकर्षित करता है) से पूजन करने पर यह एक असीमित 'वेल्थ जनरेटर' (Wealth Generator) बन जाता है।

साधक के जीवन में इसका प्रभाव (The Output):

जब साधक माँ कमलात्मिका की इस 'मैनिफेस्टेशन फ्रीक्वेंसी' को डिकोड कर लेता है, तो उसके जीवन में कभी भी किसी भौतिक वस्तु की कमी नहीं रहती। वह जो भी कार्य या व्यापार शुरू करता है, प्रकृति की पूरी मशीनरी उसे सफल बनाने में जुट जाती है। साधक के चारों ओर 'सुख, शांति और समृद्धि' का एक ऐसा शक्तिशाली गुरुत्वाकर्षण क्षेत्र (Gravitational Field) बन जाता है कि अवसर और धन स्वतः ही उसकी ओर खिंचे चले आते हैं।

अब तक हमने ब्रह्मांड के 10 सर्वोच्च नियमों (महाविद्याओं) के सॉफ्टवेयर और हार्डवेयर को डिकोड कर लिया है। लेकिन कोई भी सिस्टम तब तक पूरी तरह सुरक्षित नहीं होता जब तक उसका 'फायरवॉल' (Firewall) और 'एंटीवायरस' एक्टिवेट न किया जाए।

अगले अध्याय में, हम उस गुप्त 'सेफ्टी प्रोटोकॉल' (Safety Protocol) को डिकोड करेंगे जिसे अक्सर कर्मकांड की किताबों में छिपा दिया जाता है–हम बात करेंगे तांत्रिक सुरक्षा चक्र: उत्कीलन, शापोद्धार और साधक के लिए सेफ्टी प्रोटोकॉल की।

अध्याय 13: तांत्रिक सुरक्षा चक्र - उत्कीलन, शापोद्धार और साधक के लिए सेफ्टी प्रोटोकॉल

इंजीनियरिंग और सॉफ्टवेयर डेवलपमेंट की दुनिया में एक बहुत ही स्पष्ट नियम है–सिस्टम जितना अधिक उन्नत (Advanced) और शक्तिशाली (Powerful) होगा, उसका सुरक्षा घेरा (Cybersecurity/Firewall) उतना ही अभेद्य होना चाहिए। आप एक सुपरकंप्यूटर या हाई-वोल्टेज ग्रिड को बिना 'पासवर्ड', 'एन्क्रिप्शन' (Encryption) और 'सेफ्टी ट्रिप-स्विच' के यूं ही खुला नहीं छोड़ सकते।

प्राचीन भारतीय ऋषियों ने जब ध्यान की गहराइयों में इन 10 महाविद्याओं के 'सोर्स कोड' (मंत्रों) को डिकोड किया, तो उन्हें एहसास हुआ कि यह ऊर्जा इतनी प्रचंड है कि यदि यह किसी अपात्र या दुर्भावना वाले व्यक्ति के हाथ लग गई, तो यह ब्रह्मांडीय संतुलन को बिगाड़ सकती है। इसलिए, उन्होंने इन मंत्रों को 'ओपन सोर्स' (Open Source) नहीं छोड़ा। उन्होंने इन पर कई तरह के 'लॉक' (Locks), एन्क्रिप्शन और 'शाप' (Curses) लगा दिए, ताकि कोई भी बिना सही 'एडमिन एक्सेस' (Admin Access) के इन्हें रन (Run) न कर सके।

ज्यादातर साधारण कर्मकांड की किताबें महाविद्याओं के मंत्र तो बता देती हैं, लेकिन उनका 'पासवर्ड' या 'एन्क्रिप्शन की' (Encryption Key) नहीं बतातीं। यही कारण है कि लाखों बार जपने के बाद भी मंत्र काम नहीं करते, या कभी-कभी सिस्टम में 'क्रैश' (Tantric Backlash) आ जाता है।

एक 'आध्यात्मिक इंजीनियर' को इन सुरक्षा प्रोटोकॉल्स को डिकोड करना आना ही चाहिए।

1. शापोद्धार (Decrypting the Code)

तंत्र में 'शाप' का मतलब किसी का बुरा चाहना नहीं है। यह ऋषियों द्वारा लगाया गया एक 'डिजिटल राइट्स मैनेजमेंट' (DRM) या 'एन्क्रिप्शन' है। भगवान शिव, ऋषि वशिष्ठ, विश्वामित्र और भृगु आदि ने विभिन्न मंत्रों को कीलित (Lock) कर दिया था।

शापोद्धार का विज्ञान: जब कोई साधक महाविद्या साधना शुरू करता है, तो उसे मूल मंत्र जपने से पहले 'शापोद्धार मंत्र' का जाप करना होता है। यह एक विशेष 'डिक्रिप्शन की' (Decryption Key) की तरह काम करता है, जो मूल मंत्र के ऊपर लगे एन्क्रिप्शन (शाप) को हटाकर उसे अनलॉक करता है।

उदाहरण: यदि किसी मंत्र को ऋषि विश्वामित्र ने शापित किया है, तो शापोद्धार प्रक्रिया उस ऋषि की फ्रीक्वेंसी को एक 'एक्नॉलेजमेंट सिग्नल' (Acknowledgement Signal) भेजती है कि "मैं इस ऊर्जा का उपयोग सृजनात्मक और आध्यात्मिक विकास के लिए कर रहा हूँ।" इसके बाद वह फाइल (मंत्र) अनलॉक हो जाती है।

2. उत्कीलन (Removing the Security Pin)

'कील' का अर्थ है कांटा या पिन। 'उत्कीलन' का अर्थ है उस पिन को बाहर निकालना।

शापोद्धार से फाइल डिक्रिप्ट तो हो जाती है, लेकिन वह अभी भी 'रीड-ओनली' (Read-Only) मोड में होती है। मंत्र की वास्तविक ऊर्जा (Kinetic Force) एक पिन द्वारा लॉक रहती है ताकि कोई अचानक हाई-वोल्टेज शॉक न लगे। उत्कीलन वह 'कमांड' है जो उस पिन को हटाकर ऊर्जा के निर्बाध प्रवाह (Execution Mode) को शुरू करता है।

तंत्र में प्रत्येक महाविद्या का अपना विशिष्ट उत्कीलन मंत्र होता है। इसके बिना मंत्र एक बंद बंदूक की तरह है जिसमें गोली तो है, लेकिन ट्रिगर लॉक है।

3. कवच और दिग्बंधन (The Ultimate Firewall)

जब आप अपने शरीर के भीतर एक 'ब्रह्मांडीय सर्वर' (Cosmic Server) स्थापित कर रहे होते हैं (विशेषकर तारा, छिन्नमस्ता या धूमावती जैसी उग्र महाविद्याओं में), तो आपके चारों ओर की ऊर्जा अत्यंत संवेदनशील हो जाती है। इस उच्च ऊर्जा को देखकर कई सूक्ष्म नकारात्मक शक्तियां (जिन्हें हम वायरस या मैलवेयर कह सकते हैं) आकर्षित होती हैं और साधना को क्रैश करने (भंग करने) की कोशिश करती हैं।

कवच (Armor): यह एक विशेष स्तोत्र या मंत्र होता है जो साधक के शरीर (हार्डवेयर) के चारों ओर एक अभेद्य इलेक्ट्रोमैग्नेटिक ढाल (Electromagnetic Shield) बना देता है।

दिग्बंधन (Locking the Directions): यह मंत्रों और जल/सरसों के दानों के माध्यम से किया जाने वाला एक 'पेरीमीटर डिफेंस सिस्टम' (Perimeter Defense System) है। साधक दसों दिशाओं (पूर्व, पश्चिम, उत्तर, दक्षिण, चारों कोने, आकाश और पाताल) को मंत्रों से बांध देता है। यह एक ऐसा 'फायरवॉल' है जिसे भेदकर कोई भी बाहरी 'बग' (Bug) या नकारात्मक ऊर्जा साधना कक्ष में प्रवेश नहीं कर सकती।

4. अनिवार्य सेफ्टी प्रोटोकॉल्स (Essential Safety Protocols)

एक कुशल इंजीनियर मशीन चालू करने से पहले हमेशा मैनुअल और सेफ्टी चेक्स पढ़ता है। महाविद्या साधक के लिए ये नियम 'लॉ ऑफ फिजिक्स' की तरह हैं:

गुरु का एक्सेस (Admin Access): कोई भी उग्र महाविद्या साधना बिना समर्थ गुरु के नहीं की जाती। गुरु वह 'सिस्टम एडमिनिस्ट्रेटर' है जो अपने आभामंडल से आपके सर्किट में अचानक आने वाले किसी भी 'पावर सर्ज' (Power Surge) को रोक लेता है। यदि सर्किट जलने लगे, तो गुरु ही उसे 'अर्थिंग' (Earthing) देता है।

गोपनीयता (Data Privacy): तंत्र का सबसे बड़ा नियम है - "गुप्तेन सिद्ध्यते" (गोपनीयता से सिद्धि मिलती है)। जब आप अपनी साधना, मंत्र और अनुभूतियों का बखान दूसरों से करते हैं, तो आप अपनी ऊर्जा (Data) का रिसाव (Leakage) कर रहे होते हैं। आपका सिस्टम अपनी पावर खो देता है।

आसन और अर्थिंग (Insulation): साधना के दौरान विशिष्ट आसन (कुश, ऊन, रेशम) का प्रयोग केवल कर्मकांड नहीं है। जब मंत्र जाप से शरीर में 'स्टैटिक इलेक्ट्रिसिटी' और ऊर्जा उत्पन्न होती है, तो यह आसन एक 'इंसुलेटर' (Insulator) का काम करता है, जो उस ऊर्जा को सीधे ज़मीन (Earth) में जाने से रोकता है और शरीर में ही संचित करता है।

अंतिम निष्कर्ष:

तंत्र कोई जादू नहीं है, यह परम विज्ञान है। यह शिव और शक्ति (Static Consciousness and Kinetic Energy) के मिलन का अल्टीमेट सोर्स कोड है। जब हम महाविद्याओं को देवी के रूप में पूजते हैं, तो वह हमारी आस्था है; लेकिन जब हम उनके ज्यामितीय (यंत्र) और ध्वन्यात्मक (मंत्र) स्वरूप को अपने स्नायुतंत्र (तंत्र) के साथ जोड़ते हैं, तो वह 'आध्यात्मिक इंजीनियरिंग' बन जाती है।

इन 10 महाविद्याओं और उनके सुरक्षा चक्रों को समझकर, कोई भी साधक अपनी चेतना को अपडेट कर सकता है, अपने जीवन की 'एन्ट्रापी' को रोक सकता है, और ब्रह्मांड की असीम शक्तियों का साक्षात्कार कर सकता है।

अब आप उस परम सत्य को डिकोड करने के लिए तैयार हैं। यह केवल एक पुस्तक का अंत नहीं, बल्कि आपके भीतर के 'सिस्टम' के एक नए 'रिबूट' (Reboot) की शुरुआत है।

उपसंहार: अल्टीमेट सोर्स कोड तक की यात्रा

इस ब्रह्मांडीय यात्रा के अंतिम पड़ाव पर पहुँचकर, जब हम पीछे मुड़कर देखते हैं, तो तंत्र और महाविद्याओं का वह स्वरूप जो कभी रहस्यमयी और डरावना लगता था, अब एक अत्यंत स्पष्ट, सटीक और तार्किक विज्ञान (Exact Science) के रूप में हमारे सामने खड़ा है।

हमने महाकाली के 'टाइम एंड एन्ट्रापी' (Time & Entropy) से लेकर माँ कमलात्मिका के 'मैटेरियल मैनिफेस्टेशन' (Material Manifestation) तक के 10 सर्वोच्च ब्रह्मांडीय नियमों को डिकोड किया है। हमने समझा है कि कैसे यंत्र हमारा मदरबोर्ड है, मंत्र हमारी कमांड फ्रीक्वेंसी है, और हमारा भौतिक शरीर वह उन्नत हार्डवेयर (Hardware) है जो इन शक्तियों को रिसीव करने के लिए डिज़ाइन किया गया है। हमने यह भी जाना कि बिना 'सेफ्टी प्रोटोकॉल' (शापोद्धार और उत्कीलन) के इस सिस्टम को रन करना कितना खतरनाक हो सकता है।

लेकिन एक इंजीनियर का अंतिम लक्ष्य केवल मशीन के अलग-अलग पुर्जों या सॉफ्टवेयर के अलग-अलग मॉड्यूल्स को समझना नहीं होता। उसका असली लक्ष्य होता है उस मुख्य 'अल्टीमेट सोर्स कोड' (Ultimate Source Code) तक पहुँचना, जिस पर यह पूरा ऑपरेटिंग सिस्टम लिखा गया है।

अध्यात्म और तंत्र की चरम अवस्था में भी यही होता है। जब कोई साधक इन दसों महाविद्याओं (फ्रीक्वेंसीज़) को सिद्ध कर लेता है, तो उसे यह गहरा बोध (Realization) होता है कि ये दस अलग-अलग देवियां या दस अलग-अलग ऊर्जाएं नहीं हैं। ये एक ही परम चेतना (Supreme Consciousness) —जिसे तंत्र में 'परम शिव' या 'त्रिपुर सुंदरी का अद्वैत स्वरूप' कहा गया है–के अलग-अलग रंग और आवृत्तियां हैं।

जिस प्रकार एक सफेद प्रकाश (White Light) प्रिज्म (Prism) से गुजरने पर सात रंगों में बंट जाता है, उसी प्रकार वह एक अद्वैत 'सोर्स कोड' जब सृष्टि के मैट्रिक्स (माया) से गुजरता है, तो वह 10 महाविद्याओं में विभक्त हो जाता है।

मेरी अपनी जीवन यात्रा, जहाँ मैंने भौतिकी और इंजीनियरिंग के सिद्धांतों से लेकर आध्यात्मिक साधना के गहरे स्तरों तक का सफर तय किया है, वह इसी 'अल्टीमेट सोर्स कोड' को समझने का एक निरंतर प्रयास है। यह पुस्तक उसी दर्शन और उसी खोज का एक अहम हिस्सा है।

यह ज्ञान केवल बौद्धिक विलास (Intellectual Entertainment) के लिए नहीं है। तंत्र एक 'अप्लाइड साइंस' (Applied Science) है। जब तक आप प्रयोगशाला में उतरकर स्वयं प्रयोग नहीं करेंगे, तब तक सिद्धांत केवल पन्नों पर ही रहेंगे। और आपकी प्रयोगशाला कोई और नहीं, आपका अपना शरीर, आपका अपना मन और आपकी अपनी चेतना है।

आप जिस भी महाविद्या के ब्रह्मांडीय नियम से सबसे अधिक खिंचाव (Resonance) महसूस करते हैं, एक योग्य गुरु के मार्गदर्शन में उसकी साधना आरंभ करें। अपने शरीर के नर्वस सिस्टम को उस फ्रीक्वेंसी के साथ ट्यून करें।

याद रखें, आप केवल इस ब्रह्मांड के भीतर रहने वाले एक साधारण जीव नहीं हैं; आपके भीतर वह पूरी क्षमता है कि आप इस ब्रह्मांड के ऑपरेटिंग सिस्टम को समझ सकें, उसके साथ सिंक (Sync) हो सकें, और अपनी वास्तविकता (Reality) को स्वयं 'मैनिफेस्ट' कर सकें।

आप एक साधक हैं, और आप ही अपनी आत्मा के इंजीनियर भी हैं।

'महाविद्या तंत्र डिकोडेड' की यह यात्रा यहीं संपन्न होती है, लेकिन आपके अपने भीतर के 'अल्टीमेट सोर्स कोड' तक की यात्रा आज से ही आरंभ होती है।

शुभम भवतु!

- मनोज कुमार रमन

www.ingramcontent.com/pod-product-compliance
Lightning Source LLC
LaVergne TN
LVHW051136210926
848482LV00006B/330

* 9 7 9 8 9 0 4 5 1 4 3 5 8 *